Tenter de donner conscience à des hommes
de la grandeur qu'ils ignorent en eux.
MALRAUX

Monsieur — Je réponds d'abord aux questions de votre lettre :

a) Le cadre n'est naturellement pas fondamental. L'essentiel est évidemment ce que vous appelez l'élément pascalien. Mais ce cadre n'est pas non plus accidentel. Je crois qu'il y a dans une époque donnée ~~assez~~ peu de lieux où les conditions d'un héroïsme possible se trouvent réunies.

b) Leçon positive est peut-être excessif. Je ne dirai pas : comment faut-il vivre, mais : comment peut-on essayer de vivre.

Mais la question pour moi ne se pose pas tout à fait ainsi. Je ne l'expliquerai un jour en termes affirmatifs, ce qu'un roman ne permet guère : il y a d'abord un drame de la conscience. L'homme se pense, mais il n'est nullement nécessaire qu'il le fasse (et beaucoup ne le font pas). Le drame essentiel est dans l'opposition de deux systèmes de pensée, l'un qui tend à mettre l'homme et la vie en question, l'autre qui tend à supprimer toute question par une série d'activités. Spinoza contre Lénine. Disons, pour simplifier, qu'il s'agirait de exposer en termes précis le rapport de la vie et de la pensée. Ça ne mènerait pas loin, comme vous voyez… Je ne saurais que marquer la place. C'est dans l'accusation de la vie que se trouve la dignité fondamentale de la pensée, et toute pensée qui justifie réellement l'univers s'avilit dès qu'elle est autre chose qu'un espoir. Il faudrait montrer pourquoi.

Merci de votre étude. J'en ai reçu assez ces temps-ci pour être sensible à celles qui témoignent d'intelligence et d'amitié pour ce livre. Croyez, je vous prie, à ma sympathie

André Malraux

MALRAUX

gaëtan picon

écrivains de toujours/seuil

 ISBN 2-02-000012-1.

MALRAUX 27

MALRAUX 37

MALRAUX 47

DATES REPÈRES

Né le 3 novembre 1901 à Paris. Études : archéologie et orientalisme.

1923 : départ pour l'Asie. Chine ; Indochine.

1927-28 : retour ; publication des *Conquérants*.

1933 : publication de *La Condition humaine*.

1934 : président du Comité mondial de libération de Dimitroff ; puis du Comité mondial de libération de Thaelmann. Membre du Presidium de la L. I. C. A.

1936 : organisateur et chef de l'aviation étrangère au service du Gouvernement républicain espagnol.

1940 : blessé, prisonnier, évadé. Résistance. 1944 : attaque de la Division Das Reich ; blessé, prisonnier, délivré. Colonel commandant la Brigade Alsace-Lorraine. C. de la Libération ; D. S. O. etc.

1945 : ministre de l'Information.

1951 : publication des *Voix du Silence*.

1957 : publication de *La Métamorphose des dieux*.

1958 : ministre de l'Information.

1959-1969 : ministre d'État aux Affaires culturelles.

1965 : voyage en Chine.

1967 : publication des *Antimémoires*.

1971 : publication des *Chênes qu'on abat*.

1974 : publication de *La Tête d'obsidienne*, de *L'Irréel*, et de *Lazare*.

1975 : publication des *Hôtes de passage*.

1976 : publication du *Miroir des limbes* et de *L'Intemporel*.

Il meurt le 23 novembre 1976 à Paris.

Prenant connaissance de l'étude que Gaëtan Picon venait de lui consacrer, André Malraux écrivit en marge un certain nombre de remarques, réflexions ou précisions diverses, qui tout ensemble confirmaient la justesse de cette étude et lui fournissaient l'inestimable appoint d'un commentaire de la pensée de Malraux par lui-même. Il était, par suite, infiniment souhaitable de pouvoir en faire profiter les lecteurs du présent ouvrage : André Malraux, ainsi que Gaëtan Picon à qui elles étaient personnellement destinées, ont bien voulu nous autoriser à les y reproduire.

On trouvera chacune de ces 45 annotations composée en italique en regard du passage qui l'a motivée, un numéro d'appel la signalant, au dernier mot de ce passage.

1. *La réussite d'un homme d'action est celle de son action, non la preuve de son aptitude à l'action...*

A CETTE ŒUVRE EN SUSPENS — et qui n'a peut-être pas trouvé encore son expression suprême — à cette vie qui compte plus de tentatives que d'accomplissements, s'attache depuis nombre d'années déjà comme une lueur de légende. Ni l'œuvre, si nous la mesurons en termes de littérature, ni la vie, si nous la mesurons en termes d'action, ne suffisent séparément à l'expliquer : Malraux doit l'ordre assez singulier de sa grandeur à leur rencontre et à leur confusion. La vraie réussite de l'écrivain est moins l'œuvre, la vraie réussite de l'homme d'action moins l'action que leur commune réussite n'est le personnage [1]. A travers ses livres, c'est l'accent frémissant et péremptoire de l'expérience vécue qui nous atteint ; à travers ce que nous savons de sa vie, c'est la lucide recherche d'une image de l'homme. « *Transformer en conscience une expérience aussi large que possible* » : Malraux n'a jamais cessé d'être fidèle à ce conseil d'un personnage de *L'Espoir*, et il tire son œuvre de sa vie. Mais il est tout aussi vrai de dire qu'il transforme en expérience une conscience aussi vaste et aussi aiguë que possible : sa vie répond à un appel venu de lui-même, et voit dans l'événement l'épreuve d'une vérité intérieure, et comme sa réalisation. Si Malraux écrit avec sa vie, il vit selon sa pensée de la vie, et selon son exigence. Et, bien au-delà de la simple expression d'une expérience, son œuvre nous apporte la révélation d'une personnalité qui se définit sans doute par ce que la vie lui apporte, mais plus encore par ce qu'elle obtient de la vie.

André Malraux
à l'époque des Conquérants
(Photo Germaine Krull)

Dessin d'André Masson pour Les Conquérants (Skira)

2. *Il le déclare sans appel, mais il y aurait beaucoup à lui répondre... Car si l'homme n'est pas ce qu'il cache, il n'est pas seulement ce qu'il fait.*

PEU D'ŒUVRES aussi visiblement écrites à la première personne ; à ce point dominées et cernées par leur auteur même. Et la personnalité, ici, c'est tout d'abord l'ensemble des choses faites et vécues : la rencontre d'un homme et d'un destin réel. « *L'homme n'est pas ce qu'il cache ; il est ce qu'il fait* », déclare sans appel le Vincent Berger des *Noyers de l'Altenburg*[2]. Et, comme le Manuel de *L'Espoir*, Malraux sait que l'on ne se connaît pas en réfléchissant sur soi-même, mais quand un hasard nous arrache à l'action.

A l'origine de chacun de ses livres, on sait qu'il y a un compte réglé avec la vie. C'est de la vie que l'œuvre sort, ruisselante de ses images, frémissante de ses émois, sonore de ses tumultes, grave de ses découvertes. Parlant de la pauvreté littéraire des années 30, Malraux disait naguère à Julien Green, qui le rapporte dans son *Journal* : « Que voulez-vous qu'ils fassent ? Entre dix-huit et vingt ans, la vie ressemble à un marché où l'on achète des valeurs non avec de l'argent, mais avec des actes. La plupart des hommes n'achètent rien. » Malraux a payé son œuvre de ses actes. N'eût-il pas vécu comme il vécut, il n'aurait certainement pas écrit les mêmes livres : la matière même de son œuvre romanesque lui eût fait défaut, et sans doute n'eût-il laissé qu'une œuvre de seconde zone, puisque tout son génie vient de l'accord entre les expériences d'une vie liée aux constellations de l'Histoire et des possibilités latentes d'expression.

Pour écrire ses véritables livres, il a fallu que Malraux attende — non point la maturation de son talent, les fruits tardifs d'une longue réclusion en littérature —, mais les

Couverture de la traduction croate des *Conquérants*

3. *Mais pourquoi suis-je allé en Asie ? Savez-vous que c'est la question que m'a posée Valéry, lorsque je l'ai rencontré pour la première fois ?*

Canton en 1925 *(Photo Keystone)*

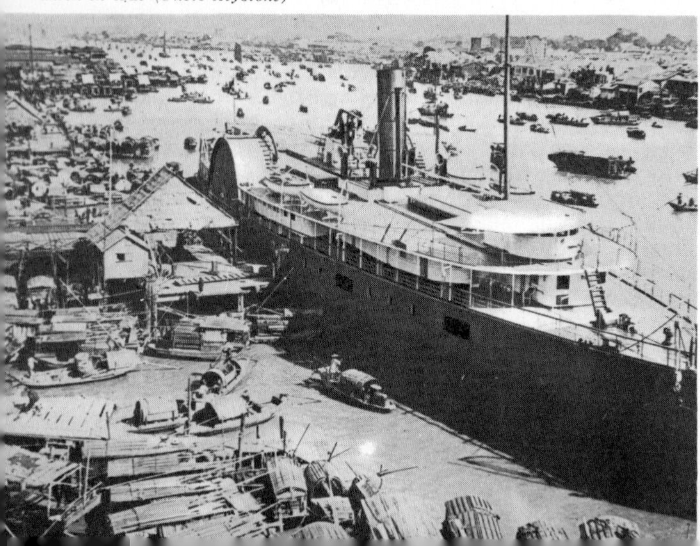

véritables expériences de sa vie. *Lunes en Papier* et *Royaume Farfelu* ne sont pas des œuvres insignifiantes : mais l'adolescent brillamment doué qui les signe, les dédie à Max Jacob ou les place sous le patronage d'Hoffmann, ne ressemble guère à celui que *Les Conquérants* vont bientôt mettre en scène. Montherlant est déjà dans *Le Songe* comme Giono dans *Colline*, Giraudoux dans *Provinciales* ou Drieu dans *Interrogation* : avec la maladresse du débutant, sans doute, mais aussi l'assurance de qui vient de découvrir son domaine. Il est visible que Malraux, dans ses premiers récits, n'a pas découvert le sien. Soignée, harmonieuse, brillante, mais anonyme, son écriture n'a ni l'éclat ni le pathétique ni la saccade à quoi elle se reconnaîtra bientôt. C'est seulement devant la vie, devant les événements d'une Histoire que, fébrilement et tenacement, son action tente de rejoindre partout où elle se découvre, que Malraux découvrira aussi son génie.

Écrit-il *La Tentation de l'Occident* (qui n'est encore qu'à demi de son style, mais qui est totalement de sa pensée et de son tempérament), c'est pour avoir saisi et éprouvé sur les lieux mêmes le conflit de la passion occidentale et du détachement cosmique de l'Orient, et pour avoir vu s'éclairer, d'un jour de fin du monde, cette culture européenne dont il souffre, mais dont il ne peut se séparer. Écrit-il *Les Conquérants* et *La Condition Humaine*, c'est pour avoir participé aux mouvements révolutionnaires qui tentent de donner une forme nouvelle à l'Asie[3], et avoir rencontré sur place, dans le feu de l'action, comme il l'écrira vingt ans plus tard, « *un type de héros en qui s'unissent l'aptitude à l'action, la culture et la lucidité* ». Écrit-il *La Voie Royale*, c'est qu'il est lui-même parti, comme Claude Vannec, à la recherche des temples enfouis dans la jungle, en territoire insoumis. Écrit-il *L'Espoir*, c'est que les images de la guerre d'Espagne, sa cruauté et sa ferveur, sont encore en lui comme une blessure mal fermée. Écrit-il *Les Noyers de l'Altenburg*, c'est qu'il vient d'être lui-même ce prisonnier de 1940 qui a vu surgir l'homme de toujours sur le visage des blessés et des captifs, ses compagnons, et le tankiste tombé dans la fosse que le matin arrache à la mort. Vincent Berger méditait d'écrire le livre de sa vie sous le titre : « Rencontres avec l'Homme ». L'œuvre de Malraux n'est elle-même que la somme de ses souvenirs et de ses rencontres. Avec la matière anecdotique de son œuvre, il est presque dans la même relation que Lawrence devant les souvenirs qui lui permettent d'écrire *Les Sept Piliers de la Sagesse.* Malraux n'a pas cessé d'écrire ses *Mémoires* : il semble qu'il n'ait pas d'autre sujet que sa propre vie, et qu'il lui faille vivre avant d'écrire, et pour écrire.

Sujets, événements, visages surgissent de l'expérience. Et les images elles-mêmes qui donnent à l'œuvre sa présence sensible, il semble que Malraux les ait rencontrées non sur le papier, mais dans la vie : dans une rue de Shanghaï ou de Canton, sur une place de Tolède, dans les montagnes de Guadalajara, — venues avec le vent qui porte l'odeur du sang mêlée à celle de la terre. L'image, ici, est le plus souvent métaphore, non point image simple et nue, photographique ; elle porte la marque d'une puissance personnelle de stylisation : mais elle jaillit de la rencontre vécue d'un objet et d'un sujet qui lui impose son style. C'est l'accent du vécu qui sépare les images littéraires et impersonnelles des premiers essais de celles qui appartiennent aux livres où Malraux s'est conquis, et qui sonnent Malraux parce que, sous la chair du style, les griffes de la vie sont profondément enfoncées. Ces rues d'Asie que l'Européen découvre et où il marche « *poursuivi par le son des pièces d'argent que les changeurs éprouvent avec de petits marteaux* », ces rues de Canton, de Hong-Kong, de Saïgon « *avec leurs échoppes où veillent des marchands immobiles entre des piles de bols bleus* », les avenues fébriles de Shanghaï où guette tout un peuple, la lumière du printemps de Kobé et « *la baie magnifique, saturée de soleil* », la forêt pulvérulente où Claude et Perken s'enfoncent, tout cela Malraux l'a vu avant de le décrire. Il a entendu le « *chahut des camions chargés de fusils couvrant Madrid tendue dans la nuit d'été* », il a respiré la fraîcheur d'arrosage du petit jour à Barcelone, et l'odeur des charniers de Tolède qui fait surgir en lui celle des marais d'Asie ; il a entendu le bruit des torrents mêlé au cri des rapaces, dans les gorges de Linarès. Il a subi cet « *ennui musulman* » qu'il évoque à propos de l'aventure touranienne de Vincent Berger, et comme lui rêvé, loin de l'Europe, de « *palissades bariolées d'affiches* », de « *musées inépuisables* » et de vitrines de magasins : les impressions du soir de Marseille, c'est aussi dans son souvenir qu'il va les chercher.

Comme les romans viennent de l'expérience de la vie, les écrits sur l'art — le *Saturne*, *Les Voix du Silence*, la préface au *Musée Imaginaire de la Sculpture* — viennent de l'expérience vécue (sinon pratiquée) des arts plastiques. A peine y a-t-il moins d'invention dans l'œuvre romanesque : il n'y a pas moins d'engagement de l'auteur dans les essais sur l'art. L'art est ici rencontre et passion, non point thème (fût-il privilégié) de l'intelligence. « *Quand j'essaie d'exprimer ce que m'a révélé la Révolution espagnole, j'écris* L'Espoir ; *quand j'essaie d'exprimer ce que m'ont révélé l'art et sa métamorphose actuelle, j'écris* Les Voix du Silence », déclarait-il récemment. Les deux expériences se rejoignent dans un même domaine : celui du vécu ; comme la Révolution, l'art n'est pas un problème, mais un domaine. Images venues de l'art, images venues de la vie n'ont pas cessé dans cette œuvre d'être en étroite symbiose. On se souvient, dans *L'Espoir*, du chien-loup de Manuel « *allongé comme ceux des bas-reliefs* », des réfugiés sur les routes d'Espagne marchant « *avec le mouvement séculaire des fuites en Égypte* ». C'est à Breughel que songe le narrateur de *L'Altenburg* devant la joie bruyante et les bourrades de ses compagnons captifs. Inversement, les essais accueillent les souvenirs de la vie : Malraux dit « *Je* » dans *Les Voix du Silence* de la même manière que dans ses romans. « *J'ai vu l'Océan malais constellé de méduses phosphorescentes* »... : c'est la fin des *Voix du Silence*, non le début des *Conquérants*. « *J'ai vu les fétiches du Musée de Nuremberg justifier leur très vieux rire par les dernières fumées minces qui filtraient de l'amas des ruines où une cycliste chargée de lilas cahotait dans le chant des camionneurs noirs* » : c'est une page des *Voix du Silence*. « *J'ai vu à Beaulieu-sur-Dordogne les affiches de la mobilisation. L'église de Beaulieu porte l'un des plus beaux tympans romans, le seul où le sculpteur ait figuré, derrière les bras du Christ ouverts sur le monde, ceux du crucifix comme une ombre menaçante* » : c'est une page des *Noyers de l'Altenburg*.

Et Malraux n'a pas besoin de dire *Je* pour être là. Le « *A. D.* » de *La Tentation de l'Occident* n'est pas moins lui-même que l'essayiste qui signe *D'une Jeunesse Européenne*. Claude Vannec n'est pas moins le narrateur de *La Voie royale* que le héros des *Conquérants* le narra-

4. *Elle ne me fascine pas, elle m'intrigue au plus haut degré. La vie de T. E. Lawrence est puissamment accusatrice, elle n'est pas exemplaire, et ne veut pas l'être.*

teur qui écrit le livre à la première personne. Vincent Berger est à peine moins Malraux que son fils, qui dit *Je*. Les romans rédigés à la troisième personne ne rompent — ni même n'atténuent — la relation de l'œuvre au vécu personnel : ce sont des raisons de technique et d'esthétique qui interviennent. *La Voie Royale* suggère le sentiment d'une invention, d'une aventure très précisément romanesque qui s'accommoderait mal du *Je*. *La Condition Humaine* est une construction trop ample et trop complexe pour accepter la perspective privilégiée du personnage central. Et *L'Espoir*, de tous les livres de Malraux (avec *Les Conquérants*) le plus proche de la vie, le moins transposé, repousse le *Je* au nom de son ampleur même, de la grandeur épique de l'univers chanté. Écrivant sur Lawrence, Malraux écrit sur une vie qui fascine la sienne[4] comme, écrivant sur l'art, il écrit sur une passion qui l'emplit. — Tout entière, l'œuvre est écrite à la première personne.

Peu d'œuvres romanesques où l'imagination ait aussi peu de part. Si Malraux prolonge, transpose, redistribue ce que son expérience lui a donné, il n'y ajoute guère. A tel point que devant cette œuvre, dont la beauté est hors de doute, on songe moins aux grandes œuvres romanesques qui la précèdent dans l'histoire de la littérature qu'à quelques grands livres de « choses vues » ou de choses vécues.

Signe d'une infériorité ? A propos de *L'Espoir*, notamment, on a parlé de reportage. Mais il est clair que cette absence d'imagination est un refus de l'imagination : et que la réussite de l'œuvre consiste à convertir une privation en valeur positive. Comme d'autres ont besoin de l'imaginaire, Malraux a besoin de l'éprouvé : de toute évidence, la réussite est — jusqu'à nouvel ordre — en raison inverse des apports de l'imagination. A côté de *La Voie Royale*, *Les Conquérants* relèvent, si l'on veut, du reportage, mais la dominent d'assez haut. Le plus inventé des récits — *Le Temps du Mépris* — est aussi le moins convaincant. *La Condition Humaine*, en dépit de l'expérience personnelle où elle puise, n'en reçoit pas comme *L'Espoir* sa forme et sa coulée ; elle naît d'autres éléments. Or, si le livre est de tous le plus ample, le mieux gouverné, le plus profond, il comporte aussi quelque

Couverture de la traduction japonaise de La Condition humaine

5. *Mais c'est l'obsession d'autres civilisations qui donne à la mienne, et peut-être à ma vie, leur accent particulier. A mes yeux du moins.*

Eau-forte d'André Masson pour Les Conquérants (Skira)

application et quelque artifice, et n'a pas l'inégalable jaillissement de *L'Espoir*. Toute invention, ici, se trahit par une sorte d'essoufflement, de raideur grinçante : c'est au vécu que Malraux doit ce que d'autres reçoivent du laisser-aller de la fantaisie, — l'heureuse profusion, le souffle. Au jaillissement de *L'Espoir* répond celui des *Voix du Silence :* sans doute les deux livres les plus inspirés de Malraux, parce qu'ils sont les deux livres les plus *soutenus*, ceux qui, s'appuyant sur la plus vaste expérience, n'ont pas de blancs à remplir. Très sensible, l'inégalité des épisodes des *Noyers de l'Altenburg* vérifie la même loi : ceux de la guerre de 1914, où Malraux doit inventer, sont artificiels et secs à côté de ceux de la guerre de 1940, où Malraux se souvient. Reportage ? Non certes. Car le vécu n'aboutit pas à la notation objective, mais à un lyrisme impérieux. A l'œuvre, le vécu confère un style qui ressemble à une transfiguration.

Les événements qui donnent à l'œuvre sa matière sont des événements vécus, mais extérieurs. C'est la rencontre de Malraux et de l'Histoire qui devient l'histoire de Malraux.Et il semble qu'il n'ait, qu'il ne veuille pas avoir d'autre vie que celle de son époque[5]. Raison majeure de son prestige, pour une génération où les destins personnels se confondent si souvent avec le destin collectif.

S'il se peint dans son œuvre, telle est avant tout l'image que nous recevons de lui : une singulière consonance à l'époque, une façon d'être lié immédiatement et organiquement à tous les remous d'un temps troublé. Chaque fois que je songe à l'œuvre de Malraux, une page du *Déclin de l'Occident* me revient à la mémoire : celle où Spengler, parlant de cette obsession de l'Histoire qui domine la civilisation « faustienne », évoque les heures qui sonnent dans toutes les villes et tous les villages de l'Europe du haut du clocher, de la tour, du beffroi. A chaque page, ici, sonne le temps de l'Histoire. Si Malraux, dédaignant d'inventer, puise dans la réalité de son temps, c'est que les mythes les plus forts, les plus impérieuses fictions viennent de l'histoire sanglante et tumultueuse de ce XXe siècle qui se conforme à la définition prophétique de Nietzsche : « l'ère classique de la guerre ». Lui qui aime citer le mot de Napoléon : « La Tragédie, maintenant, c'est la Politique », il a reconnu dans la matière historique de son temps la seule matière romanesque

6. *Artistiquement, toute la question est là. Nous y reviendrons.*

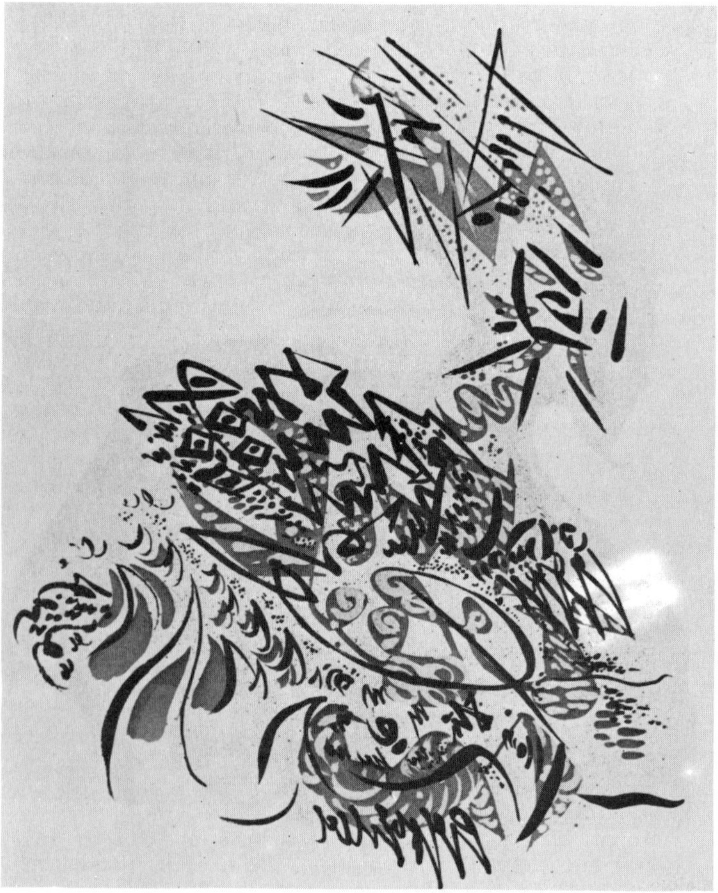

Eaux-fortes d'André Masson, pour Les Conquérants. (Skira)

qui convînt à ses possibilités d'expression. Ce que l'Histoire lui apporte est cela même qu'il eût inventé. C'est pourquoi le vécu chez lui devient tragédie et non reportage : le style des événements ne fait qu'un avec son style propre, et c'est un poète tragique qui l'habite. Évoquant la réalité objective d'un temps, Malraux ne cesse pas de parler de lui-même : son temps est accordé à son drame comme il l'est à son style. Accord si profond que les événements de l'Histoire se déroulent dans l'œuvre comme se déroulerait la plus personnelle fiction, et que ces Révolutions et ces guerres dont chacun de nous a entendu le tumulte et surpris le visage extérieur, reçoivent ici je ne sais quelle irréalité de cauchemar, comme si le poète les tirait de sa rêverie la plus profonde et la plus séparée [6].

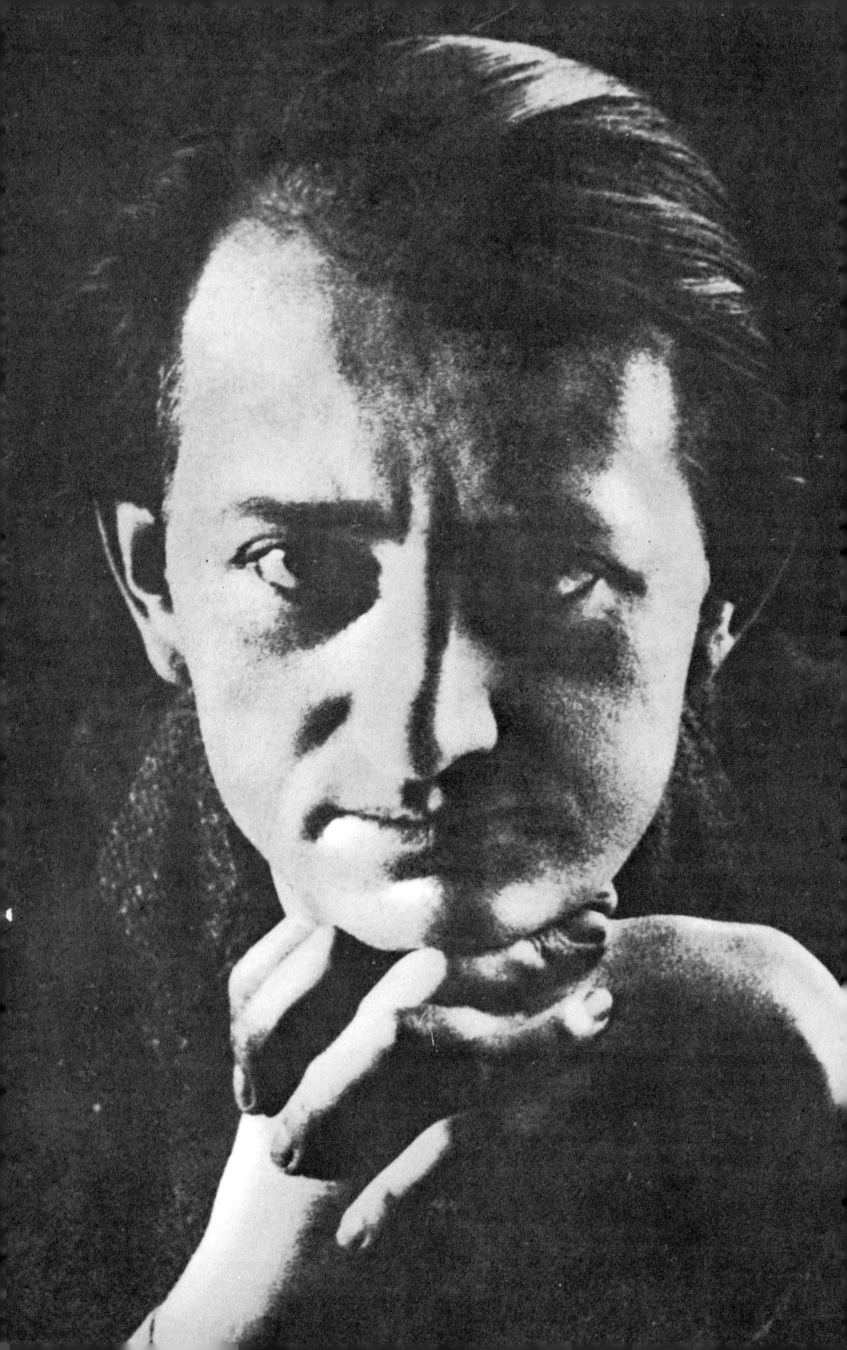

UNE ŒUVRE écrite à la première personne, certes. Mais il s'en faut de beaucoup que le *Je* qu'elle met en scène soit seulement celui qui a vécu les événements et s'en souvient. Plus profondément, il est celui qui les appelle, les provoque, les constitue. L'œuvre exprime une vie, et la personnalité qu'une vie a révélée à elle-même. Mais cette vie est celle que s'est donnée une personnalité qui lui échappe plus encore qu'elle ne lui appartient.

Sans doute Malraux aime-t-il dire qu'un homme n'est rien d'autre que ce qu'il fait ; que l'homme ne se découvre pas en réfléchissant sur lui-même ; que l'on découvre la vie comme l'on découvre la guerre, et que c'est de l'ensemble de ces découvertes que surgit une personnalité. Sans doute semble-t-il adhérer à une sorte d'« empirisme », ou d' « existentialisme » psychologique : s'il est vrai que l'homme commence à *l'autre*, que nous sommes tous devant l'avenir comme le Manuel de la dernière page de *L'Espoir* : « *Et Manuel deviendrait un autre homme, inconnu de lui-même...* », un individu n'est rien de plus que la lumière projetée par la vie sur une ombre qui, avant elle, n'est rien. Cependant, par le style de sa vie comme par celui de son œuvre, Malraux suggère beaucoup plus la possession de la vie par l'homme que la possession de l'homme par la vie. Si l'homme est ce qu'il fait, il est d'abord ce qu'il a voulu faire : ce n'est pas à l'événement que l'homme se réduit, mais à sa volonté. Malraux transforme une expérience en conscience : il a d'abord transformé une conscience en expérience. Tout nous invite donc à dépasser les images de l'événement, la matière de l'action, la mise en scène de l'Histoire, pour atteindre et placer en pleine lumière la conscience qui cherche à se réaliser, à s'éprouver, à s'étreindre à travers eux.

André Malraux
à l'époque de La Voie royale
(Photo Leirens)

Car enfin, les événements dont il nous entretient, il les a rarement rencontrés sur sa route ; presque toujours il a dû aller les chercher. Toute son action s'est déroulée sous le signe de l'engagement volontaire : la guerre de 1940 elle-même, il l'a vécue moins comme soldat que comme « résistant ». Rien de plus frappant que sa sensibilité, sa consonance à l'époque : et l'on est tenté de parler d'une singulière et prophétique lucidité. Mais ne faut-il pas parler de complicité, plus que de clairvoyance ? Son époque n'a pas été devant lui comme un objet que découvre et devine une intelligence souverainement lucide, parce que totalement libre : mais comme une réponse accordée à un appel. Chacun sait à quel point l'événement a grandi cette œuvre, qui a prophétisé « *l'actualité du XX*[e] *siècle* ». Mais cette actualité eût pu ne pas être ce qu'elle est : toute réflexion sur l'Histoire, quand elle s'exerce sans parti pris, aperçoit sa part de contingence dans son sillage de fatalités. Si Malraux a deviné l'époque tragique où nous vivons, c'est qu'il était fait pour elle : par ailleurs, il s'est trouvé qu'elle est venue. L'avènement du « temps du mépris », de l'« ère classique des guerres » témoigne moins de la lucidité de l'homme (qu'il s'appelle Malraux ou Nietzsche) que de la part de chance de l'œuvre ou de la pensée. Malraux ne peut qu'annoncer le tragique, parce qu'il est un homme tragique ; non qu'il aime le malheur, mais il l'appelle pour s'éprouver. Ou plutôt : il appelle les grands événements (le combat, non la défaite ; l'exceptionnel et le grandiose, non pas nécessairement le tragique), parce qu'il est un homme des situations extrêmes. Il eût été possible que l'œuvre ne devînt pas une image véridique du monde. Sa valeur profonde n'eût pas été vraiment en cause, parce qu'elle est avant tout une image véridique de son créateur.

L'époque s'est mise à ressembler à cette œuvre. Et le destin même de son auteur... Malraux n'évoque pas toujours ce qu'il a vraiment vécu : il évoque souvent ce qu'il n'a fait que voir et effleurer. De ce qui le hante, il s'approche, et parfois sans le rejoindre. Au moment où il écrit *Les Conquérants*, *La Voie Royale* et *L'Espoir*, il sait ce qu'est le combat, la lutte contre la forêt et la lutte contre les hommes. Mais il ignore la captivité et la torture ; il n'a été ni Perken marchant vers les Moïs, ni Kassner dans sa prison, ni Hernandez devant le poteau d'exécution. S'il

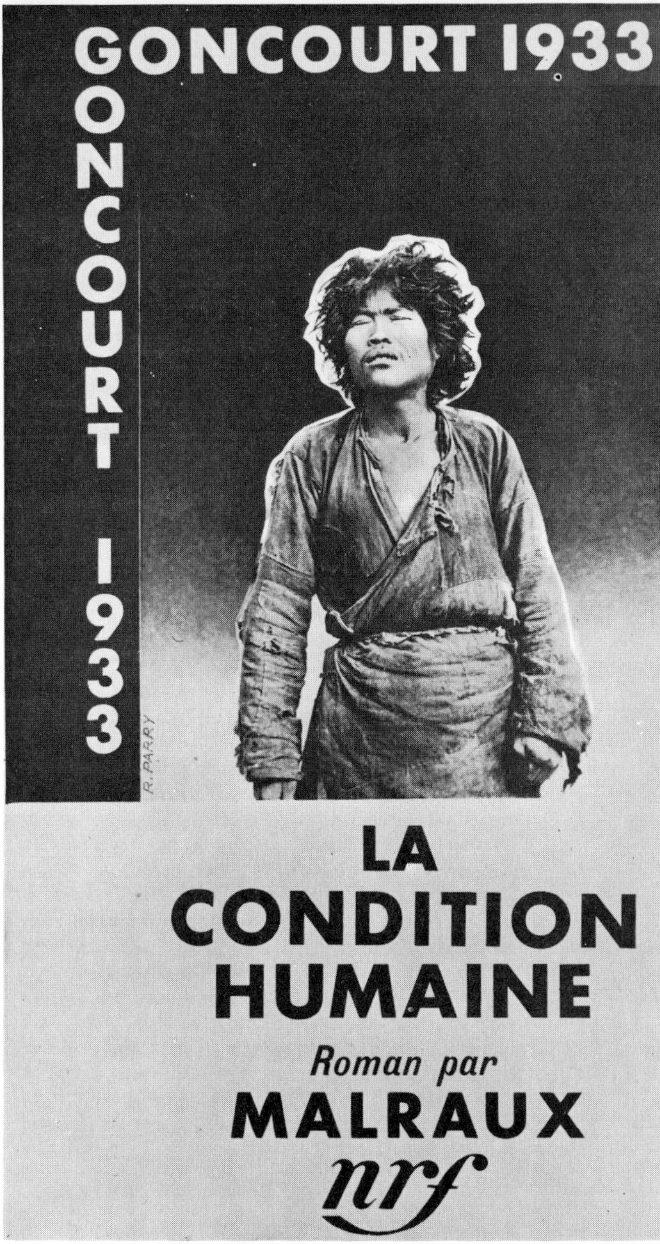
GONCOURT 1933
GONCOURT 1933
R. PARRY
LA CONDITION HUMAINE
Roman par
MALRAUX
nrf

7. *Avant la guerre, je n'ai eu de relations avec l'Alsace (à laquelle je suis aujourd'hui profondément lié) que d'ordre touristique. L'*Altenburg *est né de la nécessité de transposer la Flandre, la forêt remplaçant la mer ; puis, de la nécessité plus rigoureuse de permettre à Vincent Berger d'assister à la scène des gaz, qui s'est passée sur le front germano-russe et que je n'ai pas osé déplacer. C'est trois ans plus tard que j'ai été choisi pour commander la brigade Alsace-Lorraine, par les chefs des maquis qu'avaient organisés, dans les départements du Centre, les Alsaciens qui s'y étaient réfugiés.*

Vous savez qu'ensuite tous les événements décisifs de ma vie ont été liés à l'Alsace, jusque par les noms des rues où ils se sont passés...

Cette relation entre l'œuvre de certains écrivains et leur vie est singulière. Victor Hugo a écrit Marion de Lorme *avant de rencontrer Juliette Drouet ; et sans doute faudrait-il poursuivre dans un domaine plus profond que celui des « rencontres ». La vie apporte moins l'événement inventé, qu'elle n'en apporte au romancier l'équivalence ; elle retrouve moins le fait que son incidence. Et cette incidence, visible après la mort de l'artiste, échappe souvent à celui-ci, la perspective du destin n'étant pas celle de la vie ; si Dostoïevski a trouvé au bagne son vrai génie, sa condamnation ne fut ni le malheur ni l'accident que chacun — et Dostoïevski lui-même — vit d'abord en elle. Un langage de destin ne peut être réduit à un langage de biographie traditionnelle, mais je ne suis pas assuré qu'il défie toute analyse.*

revient inlassablement à de telles scènes, c'est qu'elles expriment sa plus profonde hantise : une fascination qui est à la fois une peur et une impatience de l'épreuve, une façon de forcer le Destin à se démasquer. Or l'avenir devait mettre Malraux en présence de quelques-unes de ces épreuves. Comme Kassner, il a connu la prison et l'interrogatoire ; comme Perken et comme Hernandez, le moment où l'homme marche vers la torture, ou croit qu'il marche vers elle. Pressentiment ? Volonté, plutôt : Malraux s'est engagé sur des chemins où se rencontrent de telles épreuves. Par ailleurs, on a vu dans la collaboration de Vincent Berger et d'Enver — évoquée dans *Les Noyers de l'Altenburg* — la préfiguration de ce qui allait être la collaboration de Malraux et du général de Gaulle : et il est curieux de voir pour la première fois dans l'œuvre apparaître l'Alsace, peu de temps avant que Malraux ne devienne le colonel de la brigade Alsace-Lorraine[7]. — La vie réalise les rêves, comme elle met en présence des hantises.

Le destin de Malraux lui ressemble, comme son siècle lui ressemble : c'est dire que l'événement façonne moins la personnalité qu'il ne répond à son appel. Le seul sujet de cette œuvre impersonnelle, qui va d'une histoire politique du XXe siècle à une histoire de la création artistique en passant par une analyse de la commune condition humaine, est l'appel impérieux de cette personnalité, — le mouvement par lequel elle se donne le destin dont elle a besoin pour être ce qu'elle entend être.

Et cette œuvre qui refuse toute psychologie, toute analyse de soi-même, n'est au fond qu'une vaste psychologie de son créateur.

André Malraux
à l'époque de La Condition humaine
(Photo Roger Parry)

LUI, TOUJOURS LUI, et seulement lui. Événements de l'Histoire, gestes de l'Art ne répondent qu'en écho à sa voix inquiète. Au geste créateur de l'artiste qui tire, comme Dieu, l'homme de l'argile et fonde en signification l'absurdité d'être homme, Malraux demande un recours contre ses démons, comme il le demande à l'énergie humaine durement affrontée aux épreuves sanglantes du temps. Et de même qu'il est inséparable de tout ce qu'il évoque, il est inséparable de chacun de ses héros.

On a souvent remarqué que les personnages se différencient dans la mesure où ils s'opposent et incarnent des vérités inconciliables. On a moins remarqué qu'ils appartiennent souvent à des étapes différentes de la formation humaine, et qu'il y a alors entre eux la distance qui sépare celui qui a subi l'épreuve et celui qui ne l'a pas encore subie. La distance entre Garine et le narrateur, entre Perken et Claude, n'est nullement une opposition (c'est en surface que parfois le dialogue les affronte), mais une hiérarchie : distance de l'adolescent à l'homme mûr et, sinon du disciple au maître, du moins fort au plus fort. Ce thème du prédécesseur, et de l'intercesseur, n'est nullement négligeable puisque, présent à l'origine de l'œuvre, nous le retrouvons aussi dans *Les Noyers* avec l'histoire du fils repassant sur les traces de son père (« *A quel point je retrouve mon père, depuis que certains instants de sa vie semblent préfigurer la mienne !... Il n'était pas beaucoup plus vieux que moi lorsqu'a commencé de s'imposer à lui ce mystère de l'homme qui m'obsède aujourd'hui...* »), et qu'il réapparaît dans *Les Voix du Silence* avec le motif de la continuité créatrice et de l'héritage (« *Pas un style, pas un maître qui ne se dégage de la gangue d'un autre...* »).

C'est que le destin ne peut être vaincu que par quelques-uns, et à ce moment où culminent toutes les forces de l'homme. Ce monde est un monde de l'initiation héroïque, et il y a un temps de l'initiation. D'où le personnage du précurseur, du formateur, du maître, — et même du chef. A cette œuvre, on a reproché d'être orgueilleuse. Et sans doute l'est-elle. Mais l'orgueil du héros n'est pas la complaisance instinctive de l'individu pour lui-même : sa confiance est une défiance désarmée, l'ensemble des preuves de sa force. Et, bien plus fortement qu'il ne croit en lui, Malraux croit en ceux qui ont donné d'incontestables exemples de grandeur : une singulière puissance d'admirer l'habite. Le son des *Voix du Silence* est celui de l'admiration. Et que l'on songe à la belle page des *Noyers de l'Altenburg* où le narrateur évoque « *ces classiques dont l'expérience humaine ou les rêves avaient foisonné dans le souvenir de mon père... Gœthe et Shakespeare et les autres, Stendhal, Tolstoï, Dickens... les Mille et une Nuits de l'Occident...* » A-t-on remarqué aussi que Malraux n'a jamais signé qu'une critique de l'admiration, — et non seulement lorsqu'il écrit sur les classiques (Nietzsche, Laclos), mais lorsqu'il écrit sur des contemporains : Faulkner, Gide, Bernanos ? Il suffit d'ailleurs de le connaître pour savoir qu'il ne parle des œuvres et des hommes que dans la mesure où il en reconnaît l'importance, et que nul n'est plus éloigné de l'esprit de pamphlet, de dénigrement ou de réduction. « *Le contre n'existe pas* », aime-t-il à dire.

L'action, comme la création, a ses maîtres. Dans cet univers, le chef occupe une place importante, — non loin de l'artiste. Goût de servir ? Non pas ; et Malraux peut reprendre à son compte le mot de Garine : « *Une chose que j'ai toujours eue en haine* ». Opportunisme orienté par la volonté de faire quelque chose à tout prix (pour éclairer la conjonction Malraux - de Gaulle, on a rappelé le mot de Vincent Berger sur Enver : « *Il est trop tard pour agir sur quelque chose : on ne peut plus agir que sur quelqu'un* ») ? Pas davantage. Mais il y a chez Malraux une admiration naturelle pour l'homme qui a fait ses preuves, qui a été plus loin que lui-même ou qui l'a précédé : le mythe du grand individu compense le sentiment de la vanité des idées. Plus que la vérité, Malraux a cherché l'autorité, la vérité incarnée, « *Nietzsche devenu Zarathus-*

La Prison
Gravure en couleurs d'Alexeieff
pour La Condition humaine
(Gallimard)

8. *Ce fut moins Trotsky, qu'une figure mythique de la Révolution russe incarnée par Trotsky, — la figure d'une époque de la Révolution.*

9. *Pourtant, le sentiment* d'avoir vieilli *m'est inconnu.*

Avec Eisenstein pendant la préparation du film sur La Condition humaine

tra » comme il le dit lui-même à propos de Lawrence : et le prestige de Trotsky a sans doute pesé plus lourd dans sa période révolutionnaire que toutes les analyses du *Capital*[8]. Ce sens de l'admiration a précédé la confiance en lui-même ; et la défiance initiale que l'on peut sentir en lui ne fait qu'un avec la défiance à l'égard de la jeunesse : on ne peut pas savoir ce que valent les idées qui n'ont pas été vécues, ni les hommes qui n'ont pas agi. « *Cette légèreté que donne à la vingtième année la connaissance unique de l'abstrait...* » : ce mot (appliqué à Garine) rejoint telle phrase de la *Psychologie de l'Art* : « *L'artiste a un œil, mais pas à quinze ans ; et combien de jours faut-il à un écrivain pour écrire avec le son de sa propre voix ?* » Contrairement à tant d'écrivains contemporains qui ont tenté de prolonger indéfiniment une adolescence charmante ou véhémente, Malraux témoigne, dans ses premiers écrits, d'une sorte d'impatience devant sa propre jeunesse. La crainte de vieillir (car la vieillesse n'est pas seulement la proximité de la mort, mais aussi l'apparition d'une perspective involontaire, d'un ordre intérieur inéluctable, et Perken souhaite à Claude de mourir jeune) est dominée par la volonté et la hâte d'atteindre ce moment de la vie qui seul importe[9], — où, entre l'ignorance et la lassitude, se rejoignent le rêve et l'action. Au devant du narrateur, les romans de l'adolescence projettent l'image anticipée d'une expérience de la vie, une « vérité incarnée » : Garine, Perken. Et il n'est pas un seul roman dont soit absent ce thème de l'autorité d'une expérience plus ancienne ou plus profonde : à la paternité spirituelle (Tchen et Gisors, Tchen et le Pasteur) répond la paternité selon la chair qui est aussi une paternité morale (Kyo et Gisors, Vincent Berger et le narrateur de l'*Altenburg*). « *Ce discours est le discours de mon père* », écrit Kyo en marge d'un des discours de Gisors. Et le narrateur des *Noyers* : « *Ayant un père, j'étais heureux — et parfois fier — que ce fût lui.* »

Autorité qui est celle d'une expérience, non d'une pensée. Dans l'univers de Malraux, chacun sait ce qu'est « *la qualité de l'homme* ». Mais qu'est-ce que la vérité ? « *Vaine pensée, vergers aux inépuisables renaissances...* » C'est sous la forme d'attitudes inconciliables que s'exprime une recherche commune de grandeur. Chacun veut donner une signification à l'existence humaine : faire d'un néant une qualité. Voix multiples et ennemies, que leur volonté accorde, mais qu'oppose leur vérité... L'univers humain de Malraux est continûment celui du conflit : et les grands incendies allumés par l'Histoire ne font qu'éclairer les passions rivales qui se disputent l'homme.

La Voie Royale (parce que l'ennemi y est la Forêt et les Moïs : le pur destin) et *Le Temps du Mépris* (parce qu'il repose sur un seul personnage) sont situés en dehors de ce conflit intérieur à l'ordre humain. Mais de *La Tentation de l'Occident*, où le pragmatisme européen s'oppose à la sagesse orientale en un dialogue sans issue, aux *Noyers de l'Altenburg*, où s'affrontent non plus les idéologies historiques mais les conceptions de l'histoire (où Mollberg affirme le non-sens de l'aventure humaine contre ceux qui témoignent de sa continuité, où s'opposent aussi Walter pour qui l'homme n'est que « *le misérable petit tas de secrets* » fait pour nourrir les œuvres d'art qui assurent à quelques-uns une grandeur séparée, et Vincent Berger qui pense que l'homme est ce qu'il fait et que la grandeur de quelques uns porte mystérieusement témoignage de celle de tous), — des *Conquérants* où s'avoue le déchirement de la passion révolutionnaire, aux *Voix du Silence* où les styles successifs de l'art apparaissent comme des voix chargées de vérités inconciliables et où l'opposition des styles prend la place de la rivalité des éthiques individuelles (« *Apollon, Prométhée ou Saturne ; Aphrodite ou Ishtar ; la résurrection de la chair ou la Danse des Morts* »), — Malraux ne cesse de mettre en scène des vérités ennemies. Le Garine des *Conquérants* sert la Révolution parce que « *tout ce qui n'est pas elle est pire qu'elle* », mais cherche surtout, comme Perken, « *l'emploi le plus efficace de sa force* », un jeu plus grand que sa propre vie. « *Révolutionnaire conquérant* », il s'oppose à Borodine, « *révolutionnaire romain* », mais aussi à Tcheng-Daï, l'idéaliste, à Hong, le terroriste, qu'arment la haine et le goût du sang versé. Accordés par l'action, les révolutionnaires de *La Condition Humaine* agissent au nom de passions différentes et souvent ennemies : Kyo est révolutionnaire par volonté de dignité, Hemmelrich par humiliation, Tchen parce que l'héroïsme seul peut brûler le vide douloureux d'une âme altérée d'absolu (« *Que faire d'une âme, s'il n'y a ni Dieu, ni Christ ?* »). Ferral voit le sens de sa vie dans le pur exercice de la volonté de puissance. Gisors pense la vie avec l'opium, Clappique avec le mensonge. De tous les livres, *L'Espoir* est le plus frémisssant de voix désaccordées (et peut-être est-ce pour cela qu'il est le plus grand). Dans la communion fraternelle de la Révolution, que de dieux différents, de cœurs séparés ! Il y a les hommes de l'Apocalypse et de l'illusion lyrique, ceux qui « *veulent tout, et tout de suite* », qui — tel le Négus — veulent « *vivre comme la vie doit être vécue, dès maintenant, ou décéder* » et pour qui la Révolution représente « *les vacances de la vie* » : ceux-là veulent *être*. Et il y a ceux qui veulent *faire*, qui savent qu'il faut « *organiser l'Apocalypse* » pour lui donner un futur, et que « *l'action ne se pense qu'en termes d'action* », qu'ils veuillent la justice ou la victoire : Manuel, Garcia, Scali. Mais il y a aussi Magnin qui refuse d'accepter le conflit « *entre ce que représente la discipline révolutionnaire et ceux qui n'en comprennent pas la nécessité* » ; il y a Guernico, le chrétien, qui, pour la première fois, sent vivre son Église ; Alvear et sa sympathie distante, son scepticisme à l'égard de l'événement, son assurance que « *la qualité de l'homme* » dépend de l'acharnement de l'individu, et non d'une quelconque solution collective.

Univers du débat, du déchirement qui demeure celui d'une conscience individuelle. Ici, le conflit n'est pas d'une vérité intérieure et du monde qui l'entoure. Si différents soient-ils, Malraux habite tous ses personnages, et c'est à lui-même qu'il s'affronte. En chacun d'eux, il exprime soit la part que, momentanément, il préfère à toute autre, soit une part douloureusement sacrifiée : son choix, ou ses tentations, ses regrets. Comme le Gœthe d'avant le choix définitif, qui parle à la fois — et sans conclure — par la bouche d'Oreste le dément et d'Iphigénie la confiante, par celle de Torquato Tasso le déchiré et d'Antonio le sage, Malraux ne cesse de se parler et de se répondre à travers ces dialogues aigus et fébriles dont il a le secret.

Pas un seul personnage *accentué* qui ne soit en un certain sens lui-même. Malraux comprend plus qu'il ne représente : l'universalité de compréhension de son intelligence va plus loin que les possibilités de son expression artistique. Invinciblement agnostique, il possède une intelligence de l'attitude religieuse (qui, d'ailleurs, est allée s'approfondissant) qui lui permet d'écrire, dans un

passage des *Voix du Silence*, que le saint ne s'évade pas de l'humanité mais l'assume : néanmoins, il n'a jamais incarné l'attitude religieuse en un personnage auquel il eût donné un accent comparable à celui de ses véritables héros : le Pasteur qui a élevé Tchen n'est pas Gisors, Guernico n'est pas Scali. Ainsi, s'il comprend plus qu'il ne représente, il ne représente que ce qu'il est capable d'éprouver vitalement, ce qu'il est, ce qu'il choisit, ce qui le tente. Sans doute, Clappique et Gisors indiquent deux évasions qu'il repousse ; et il désavoue la volonté de puissance au service du capitalisme chez Ferral. Mais il a connu ce qu'en eux il repousse : le goût de l'action pour la puissance, et aussi le goût de la fiction (on peut imaginer que Clappique est l'auteur de *Lunes en papier*), le goût — fugitif mais éprouvé — de l'apaisement par l'opium. Comme Garine le dit de Hong (« *Il est peu d'adversaires que je comprenne mieux que lui* »), Malraux est chacun des adversaires qu'il se donne. Et combien inséparables de lui-même tous ces personnages à travers lesquels la volonté révolutionnaire semble inlassablement à la recherche de sa propre plénitude : fragments douloureusement séparés d'une sorte d'unité non point perdue, celle-là, mais inaccessible, — où l'être et l'agir n'auraient qu'une voix. Malraux est cela même qu'il condamne (le Négus, Hernandez, aussi bien que Manuel ou Scali) et nous devons le chercher dans ses refus aussi bien que dans ses choix.

Malraux chez Gorki.

◀ *L'étang de Hang Tchéou*

10. *Vous nuancez fort bien, mais je me demande s'il n'y a pas, sous votre analyse, une idée de la spécificité du roman — qui m'a toujours été suspecte.*

Vous avez connu comme moi le temps où le *roman, c'était* La Princesse de Clèves. *Puis le temps où c'était* Le Moulin sur la Floss, *avec prolongement singulier sur* La Guerre et la Paix. *Les élèves recalés en composition française du* XVIIe *siècle étaient autorisés à concourir en composition anglaise du* XIXe. *Dostoïevski, dont la présence depuis quarante ans est écrasante, n'a jamais tenu, pour la critique, ce rôle de modèle. Ni Balzac, quoi qu'on en dise. Parce que l'emploi des procédés de Balzac, séparé de ce que Baudelaire appela sa nature de visionnaire, suscite les romans de Zola plus que des romans balzaciens.*

L'autonomie des personnages, le vocabulaire particulier donné à chacun, sont de puissants moyens d'action romanesque, non des nécessités. Ils sont plus marqués dans Autant en emporte le vent *que dans* Les Possédés, *nuls dans* Adolphe. *Je ne crois pas vrai que le romancier doive créer* des personnages *; il doit créer un monde cohérent et particulier, comme tout autre artiste. Non faire concurrence à l'état-civil, mais faire concurrence à la réalité qui lui est imposée, celle de « la vie », tantôt en semblant s'y soumettre et tantôt en la transformant, pour rivaliser avec elle.*

Toutes ces voix adverses s'unissent en celui qui anime leur dialogue. Tous ces ennemis sont fraternels. « *Un type de héros en qui s'unissent la culture, la lucidité et l'aptitude à l'action* » : à travers Garine, Malraux définit tous ses personnages, — se définit lui-même. Ils ont tous le même langage, celui de l'intellectuel ; le même domaine, celui de l'action ; le même accent, celui d'une passion d'autant plus véhémente qu'elle est plus inquiète d'elle-même, et plus soucieuse des autres vérités. Malraux ne cherche nullement, comme Balzac ou Proust, à donner à chaque personnage une voix personnelle, à le délivrer de son créateur [10]. Dans le dialogue qui les oppose, Ferral parle comme Gisors, Scali comme Alvear, Walter comme Vincent Berger. Leur langage, Malraux ne l'a pas surpris en écoutant les autres hommes : il l'obtient, sinon en transcrivant, du moins en transposant le sien propre. Le langage qu'il prête à ses personnages, c'est le sien — celui de sa conversation — mais filtré, magnifié. Filtré : car il y a au moins une veine qui ne passe guère dans l'œuvre, celle de l'ironie gouailleuse qui intervient si souvent dans sa conversation. Magnifié : car la conversation (par l'ironie, justement) réduit souvent ce que l'œuvre exhausse. Mais on retrouve dans les dialogues de son œuvre le rythme qui est celui de sa parole (et de sa pensée) : la même rapidité, la même brusquerie de l'attaque, un emportement frémissant et saccadé, le même pathétique syncopé, la même alliance d'éloquence lyrique et de sobriété elliptique. Mêmes aphorismes sans appel, même formulation passionnée, même fulguration de la phrase flamboyant comme une mince lame soudain dégainée, puis s'éteignant au feu d'une formule adverse.

Les théories actuelles du roman me semblent parentes des théories de la peinture au temps du primat des trois dimensions. Et vous voyez bien pourquoi : le romancier, pour créer son univers, emploie une matière qu'il est contraint de puiser dans l'univers de tous. Encore cette matière est-elle moyen *de création, ou rien. Le grand romancier est Balzac, non Henri Monnier. C'est la puissance transfiguratrice du réel, la qualité atteinte par cette transfiguration, qui font son talent ; il est évidemment un poète. Et en cela Zola n'est pas l'égal de Balzac. Les moyens romanesques de Margaret Mitchell ne sont pas inférieurs à ceux de Dostoïevski ; mais il n'y a pas de commune mesure entre le monde imaginaire qu'impose* Autant en emporte le vent *et celui qu'imposent les* Karamazoff. *La grandeur de Proust est devenue évidente lorsque la publication du* Temps retrouvé *a donné leur sens à des moyens qui, jusque là, ne semblaient pas dépasser ceux de Dickens...*

L'autonomie du langage des personnages balzaciens est toute relative. Le charabia de Nucingen ne suggère aucune voix. Les cris shakespeariens qui donnent à certaines créations de Balzac une vie réellement arrachée à l'argile (« La loterie, c'est des bêtises... » dans La Rabouilleuse) *expriment leur passion la plus profonde par le vocabulaire commun.*

Je crois que Balzac fut toute sa vie mobilisé par une volonté de transfiguration, héritée de l'histoire et du théâtre, qu'on pourrait symboliser par : « Avez-vous connu César Birotteau ? C'était un type formidable ! Le Napoléon de la parfumerie ! » Son roman naît à l'instant où il conçoit la scène par laquelle un César Birotteau quelconque va se transformer en personnage historique. L'accent de ce parfumeur devient alors celui des récits à la Frédérick Lemaître, à la Barbey d'Aurevilly. La plupart des accents de Balzac sont les notes accordées *d'une épopée moins polyphonique qu'on ne croit.*

Quant à Dostoïevski, vous avez lu ses Carnets. *Si quelqu'un a trouvé son génie à faire dialoguer les lobes de son cerveau, c'est bien lui. Tels actes capitaux de l'un de ses personnages passent en cours de rédaction à un autre : dans le premier carnet de* L'Idiot, *l'assassin n'est pas Rogojine, mais Muichkine. Dostoïevski incarne en créatures une méditation interrogative dont le cours souterrain est assez discernable. Mais il ne cherche ces silex que pour les frapper les uns contre les autres : Hippolyte (le phtisique de* L'Idiot) *est créé pour le dialogue célèbre qui l'oppose au prince, et par là ne me semble guère indépendant de Dostoïevski. Et la foule de ses bouffons est un chœur qui pose à ses héros l'éternelle question : « Pourquoi Dieu nous a-t-il créés ? »*

Que l'illusion d'autonomie des personnages puisse être un privilège du génie, je n'en doute pas. Elle agit moins sur nous par le relief, que par l'irréductible présence, dans une figure apparemment photographique, de la dimension mystérieuse qu'apporte l'irréalité de l'art. Plus un héros de roman est convaincant, plus il l'est d'une vie qui n'est pas tout à fait celle des hommes. La puissance d'illusion romanesque ne naît pas toujours de l'aptitude à saisir une existence indépendante, transmise comme telle. Je crois que, pour un grand nombre de romanciers et de tragiques, le personnage est suscité par le drame et non le drame par le personnage ; et que les héros d'Eschyle comme de Shakespeare, de Dostoïevski comme de Stendhal, sont des « virtualités » de leur auteur, autour desquelles s'ordonne ou s'agite, comme les objets dans certains tableaux surréalistes, une foule en trompe-l'œil.

Photo du film L'Espoir (Opérateur : Louis Page)

11. *Peut-être est-ce autre chose qu'une vérité.*

Ce que Malraux n'est pas, ce qu'il n'est à aucun degré, il s'abstient de le représenter. Dans cet univers qui est non seulement celui du conflit intérieur, mais aussi celui du combat, l'absence de l'ennemi est frappante. Les capitalistes, les oppresseurs, les nazis, les phalangistes — tous adversaires humains des héros de l'œuvre — n'apparaissent pas. Il est symbolique que, dans *Les Noyers de l'Altenburg*, le père soit soldat allemand en 1914 et le fils soldat français en 1940 : aucun d'eux ne lutte contre l'autre peuple, tous deux luttent au nom de l'homme contre les Dieux, et les voix allemandes qui s'élèvent avant l'attaque, dans la sape nocturne, rendent le même son que les voix françaises des camps de prisonniers.

Dans ce refus de représenter l'ennemi, sans doute faut-il voir la conséquence de l'antidogmatisme de Malraux : si fort qu'il soit attaché à sa vérité[11], il sait qu'elle n'est pas une évidence universelle, et qu'il est bien peu de routes sur lesquelles la noblesse humaine ne puisse pas s'engager. Anti-dogmatisme fondamental qui lui permettait hier d'écrire dans la préface du *Temps du Mépris*, au moment même où il liait sa vie et son œuvre à une certaine attitude éthique et politique passionnément défendue : « *Il est d'autres attitudes humaines* », et qui lui permet aujourd'hui de terminer un discours où il vient de repousser le totalitarisme soviétique, en s'écriant : « *Que chacun combatte où il le croit juste !* » Les valeurs qui ne sont ni ses choix ni ses tentations, qui lui demeurent extérieures, il sait qu'il ne pourrait les représenter que négativement (« *Si j'avais dû donner à des nazis l'importance*

12. *Il y a beaucoup plus d'absences qu'il ne semble dans les œuvres les plus étendues. Si certaines vont d'elles-mêmes, il serait intéressant de préciser les autres. Celle du nom du Christ dans Shakespeare (cité, je crois, une fois) pourrait orienter une réflexion assez féconde.*

13. GIDE : *Il n'y a pas d'imbéciles dans vos livres.*

M. — *Je n'écris pas pour m'embêter. Quant aux idiots, la vie suffit.*

GIDE. — *C'est que vous êtes encore trop jeune...*

Vers 1938.

que je donne à Kassner, je l'aurais fait évidemment en fonction de leur passion réelle, le nationalisme. »). Et il répugne à introduire, à l'intérieur du monde humain, une représentation négative, comme si tout ce qui participe de l'homme possédait à ses yeux une grandeur. Il n'a pas représenté le capitaliste et le nazi : gageons qu'il ne représentera pas demain le communiste — car, incapable d'en faire la caricature, il ne pourrait que lui redonner le visage de Kyo ou de Manuel... Mais les Tueurs et les Tortionnaires sont là parce que, au delà de l'ordre humain, ils se confondent, comme la Forêt ou les Moïs, avec la présence impersonnelle, étouffante et opaque, du destin.

Comme le sage ou le croyant, l'adversaire politique est un type humain que Malraux comprend, parce qu'il est situé à l'intérieur du même domaine d'intelligence et d'exigence éthique. Si cet univers frappe par tant d'absences, on ne saurait donc les attribuer toutes à l'échec de la communication : c'est justement parce que l'adversaire est, sans être lui, trop proche de lui, qu'il ne peut le représenter. Mais il est d'autres absences [12]. Et il est vrai que si Malraux évite de faire figurer dans ses livres l'homme qui ne participe ni de l'intelligence ni de l'éthique, c'est qu'il refuse de communiquer avec lui, ou, du moins, échoue à le faire. « *Les intellectuels sont une race* », dit le Walter de l'*Altenburg*. Aucun personnage, dans son œuvre, qui en soit d'une autre [13].

Dans chaque livre, pourtant, la foule est présente ; et la recherche d'une fraternité beaucoup plus vaste que celle qui unit les intellectuels dialoguant ou les compagnons d'aventure, étend sur l'œuvre entière son sillage. Mais la foule rencontrée est celle qui entoure le héros tragique et qu'il domine du haut de sa grandeur solitaire, non point celle avec qui l'on communie par l'amour. Hanté par la fraternité virile, Malraux l'est sans doute dans la mesure où elle lui échappe. Coolies de Canton, torturés de Shanghaï, paysans d'Espagne, prisonniers du camp de Chartres : le peuple n'apparaît jamais que devant une conscience individuelle, douloureusement et orgueilleusement séparée. La fraternité que le héros connaît n'est pas celle qui le ferait vraiment sortir de lui-même : elle ne le lie qu'à ses semblables. Bien plus qu'une communion du héros et du peuple, il y a, dans les livres de l'époque

Deux photos
du film L'Espoir

14. *Surtout, me semble-t-il, effort pour la comprendre. Dans ce livre, elle est, avant tout, l'énigme fondamentale.*

15. *Drôle de couple ! (les deux derniers).*

16. *Et celui de* L'Espoir *?*

révolutionnaire, une exaltation du héros sur le mythe du peuple. En vérité, Garine n'est réellement lié qu'au narrateur, Perken à Claude, Magni à Scali ou à Manuel, le narrateur de l'*Altenburg* au souvenir de son père ; Kassner lui-même est seul dans sa prison, avec une légende dorée.

Dans *Les Noyers de l'Altenburg*, Malraux avoue qu'il n'a pas découvert encore le peuple véritable : « *J'ai cru connaître plus que ma culture parce que j'avais rencontré les foules militantes d'une foi religieuse ou politique ; je sais maintenant qu'un intellectuel n'est pas seulement celui à qui les livres sont nécessaires, mais tout homme dont une idée, si élémentaire soit-elle, engage et ordonne la vie. Ceux qui m'entourent, eux, vivent au jour le jour depuis des millénaires.* » L'humanité fondamentale lui apparaît enfin, la matière originelle : et il fait effort pour se rapprocher d'elle[14]. Mais y parvient-il ? Pour la première fois, il accueille parmi ses personnages des hommes simples, sans idées et sans foi, — ceux avec qui il s'est battu en 1940 et qui n'avaient pas choisi de se battre comme les autres avaient choisi de servir la Révolution ; pour la première fois, il fait parler des hommes qui n'ont pas son langage. « *Pour la première fois, à l'écoute de cette obscurité vivante, mon père entendait le peuple allemand. Le peuple tout court peut-être : les hommes... Voix d'indifférences et de rêves séculaires, voix de métiers... les timbres changeaient, mais les tons restaient les mêmes, très anciens, enrobés dans le passé comme l'ombre de cette sape, — la même résignation, la même fausse autorité, la même absurde science et la même expérience, la même inusable gaîté...* » Et sans doute de telles pages enrichissent-elles l'œuvre, comme l'expérience qu'elles traduisent a enrichi leur auteur. Mais à écouter trop longtemps les voix de la sape, Malraux risquerait de perdre sa voix propre : et il ne parvient pas à en faire un élément de son monde romanesque, comme Balzac, Dickens ou Dostoïevski[15] parviennent à composer leur voix avec les plus humbles échos. Cette révélation de l'humanité fondamentale, Malraux ne l'a pas incarnée en une figure qui prendrait place parmi ses héros : elle demeure globale, presque abstraite. Et le narrateur de l'*Altenburg* pourrait reprendre l'aveu de celui des *Conquérants*[16] : « *Jamais je n'ai éprouvé aussi fortement qu'aujourd'hui l'isolement dont me parlait Garine, la solitude dans laquelle nous sommes, la*

André Malraux dans l'aviation espagnole

17. *Êtes-vous certain de connaître Muichkine ? Et Stavroguine ? Êtes-vous certain de connaître Fabrice del Dongo, au sens où vous connaissez M. Micawber ?*

Le mot « connaître », appliqué aux êtres, m'a toujours fait rêver. Je crois que nous ne connaissons personne. Ce mot recouvre l'idée de distance qui sépare ce qu'il y a en nous de profond des mouvements de cette foule, et même de son enthousiasme... »

Dans cet univers intense et étroit où Malraux ne parle que de lui-même à travers ses visages successifs ou contradictoires, et de ce qui s'accorde à lui, il n'y a pas de place pour l'humble, — pour *l'autre espèce*. L'univers humain est limité à celui de l'acte et de l'intelligence virile. Pas de personnage d'enfant... On a remarqué la rareté et peut-être la maladresse des figures de femmes. Dans *Les Conquérants*, *La Voie Royale* et *La Condition Humaine*, des figures de courtisanes apparaissent, et l'accent mis sur de telles scènes prévient assez de l'importance qu'à ce moment-là du moins Malraux accorde à l'érotisme. Mais l'érotisme n'est pas l'amour, et c'est par l'amour que s'établit la communion avec l'être individuel. L'érotisme n'est que la révélation (anonyme) de l'autre sexe : pour l'homme, moyen de la volonté de puissance (l'étude sur Laclos dévoile suffisamment le lien entre volonté et érotisme) ; pour la femme, « *reconnaissance pour l'humiliation reçue* ». Deux seuls personnages féminins caractérisés : May, Valérie. Or Valérie, pour Ferral, n'est que l'autre sexe, — un objet humilié, possédé et, à son tour, humiliant. May (comme la femme de Kassner), avant tout compagne de combat, échappe à l'anonymat érotique dans la mesure où elle participe de l'ordre héroïque du combat viril.

Aussi est-il très vrai de dire que l'œuvre de Malraux ne nous donne pas, comme celle de la plupart des grands romanciers modernes, la représentation de la diversité humaine. La mystérieuse sympathie qui anime l'œuvre de Tolstoï, de Dickens ou de Dostoïevski, et l'ouvre à l'existence de *l'autre*, ne la recherchons pas ici. D'où une évidente monotonie, et aussi une certaine confusion des personnages : nous ne connaissons pas Kyo ou Manuel comme nous connaissons Muichkine ou le Prince André, M. Micawber ou Anna[17]. Un seul personnage s'impose, — et c'est l'auteur lui-même. Bien plus qu'un univers humain de cette œuvre, il y a une présence humaine de Malraux dans un univers qui n'a d'autre épaisseur que la sienne propre. A cette œuvre si altière et si belle a été refusé le don de sympathie qui semble l'un des dons majeurs du romancier, — un romancier étant, entre autres choses, un homme qui, devant autrui, se déprend de lui-même, *communion, celle de familiarité, celle d'élucidation — et quelques autres. « Connaître les hommes pour agir sur eux » dit Stendhal ; et pour chacun cette connaissance serait claire. Mais le romancier nous en apporte une bien différente, extérieure lorsqu'il s'agit des personnages épisodiques, et qui n'est pas réellement intérieure lorsqu'il s'agit des héros. Elle ne résout pas l'énigme de l'individu, elle la supprime. Laissons mes propres personnages, à propos desquels vous avez d'ailleurs raison. Je vais vous suggérer un jeu. Racontez-vous trois ou quatre des plus grands romans, en supposant « que c'est arrivé ». Vraiment arrivé. Vous constaterez la résistance que vous apporte la* féerie *du roman — la vraie création. Fort variable, car la Sanseverina résiste beaucoup plus qu'Anna Karenine...*

N'en tirons pas une hiérarchie...

Lithographies en rouge et noir d'André Masson pour l'Espoir
(Gallimard)

et rêve sur ce qu'il voit... Faiblesse ? Mais ce n'est pas de la minceur d'un individu que Malraux emplit son œuvre : la soumission de l'œuvre à la personnalité est ici une soumission à la grandeur. Le romancier, dit à peu près Flaubert, n'est pas celui qui s'exprime dans ses personnages : il est celui qui est capable de devenir chacun de ses personnages. Mais si, en préférant autrui à lui-même, c'est la grandeur qu'il écarte ? Souvenons-nous de la préface capitale du *Temps du Mépris* : « *Flaubert... ne créant que des personnages étrangers à sa passion, pouvait aller jusqu'à écrire :* « Je les roulerai tous dans la même boue, — étant juste »... *Il s'agit ici de deux notions essentielles de l'art. Nietzsche tenait Wagner pour histrion dans la mesure où celui-ci mettait son génie au service de ses personnages. Mais on peut aimer que l'un des sens du mot art soit : tenter de donner conscience à des hommes de la grandeur qu'ils ignorent en eux.* » Ainsi Malraux se justifie-t-il d'avoir réduit son œuvre à lui-même. L'ouvrir à ceux qu'une même recherche de grandeur ne confond pas avec lui n'eût pu que l'affaiblir en lui ôtant son *style.*

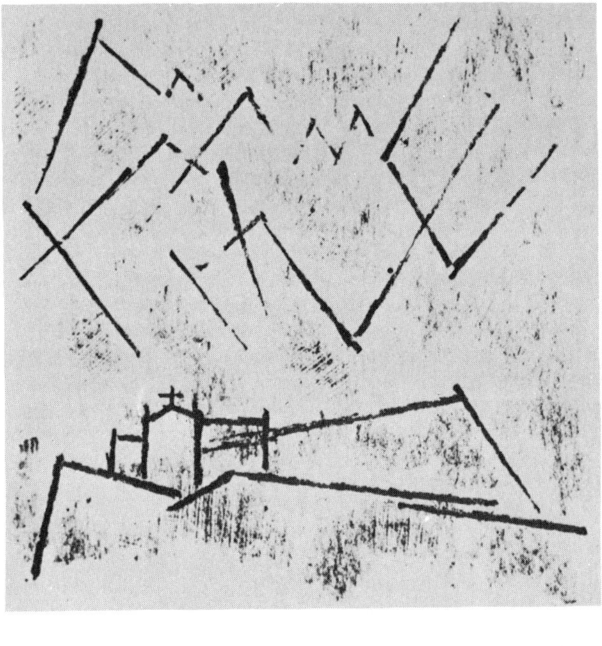

En marge du film L'Espoir
travail de l'ingénieur du son pendant une ▶
prise de vue à laquelle il ne participe pas

Entre deux missions,
pendant la bataille de Teruel
▼

Une photo du film L'Espoir

New York : campagne en faveur de la République espagnole.

L'avion de Malraux en Espagne

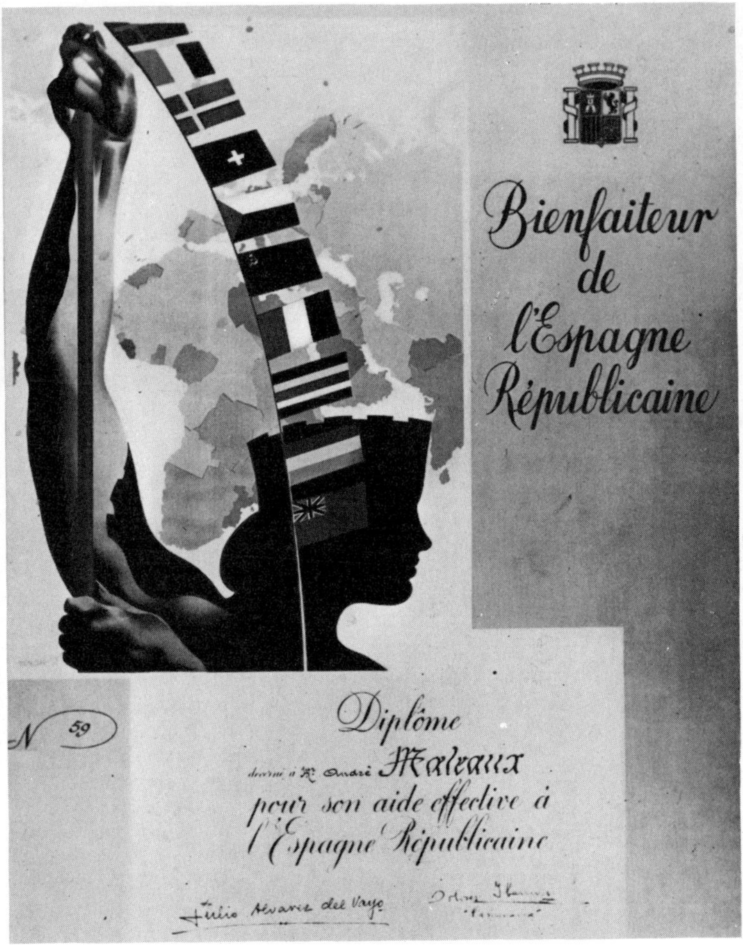

Alvarez del Voyo

Dolores Ibarruri (Passionaria)

« MERCENAIRE, ET NON COMBATTANT »

(Les journaux communistes, après 1945.)

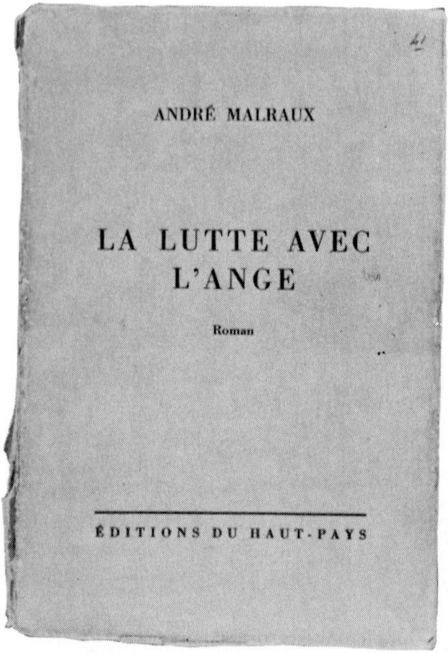

18. *Surtout, d'une personnalité* appliquée, *au service d'une création. Si, comme on l'affirme, le romancier créait pour s'exprimer, ce serait plus simple. Mais vous savez que je pense qu'il s'exprime pour créer, comme tout artiste. Si importantes que puissent être la prédication de Dostoïevski et celle, moins profonde, de Balzac, elles deviennent, au bout du compte, des moyens de création ; Balzac n'est pas Joseph de Maistre, Dostoïevski n'est pas Solovieff. L'image que je tente d'atteindre, avant d'être un portrait exemplaire ou embelli (ce dont je ne suis pas juge), est un piège où je saisis les éléments du réel dont j'ai besoin pour créer mon univers...*

TOUTE VIEILLESSE EST UN AVEU, est-il dit dans *La Condition Humaine*. Toute œuvre aussi. Si l'œuvre de Malraux est une psychologie de son auteur, il s'agit d'une psychologie à interpréter : d'une psychologie qui appelle sa propre psychologie. L'œuvre exprime l'homme, plus que sa vie, mais n'a pas avec l'homme un rapport simple. L'image qu'elle suggère n'est pas exactement celle de l'homme tel qu'il est. Cette œuvre n'est nullement l'expression d'une personnalité irrésistible, et toujours de plain-pied avec elle-même : mais d'une personnalité qui a ses ruses, son arrière-fond, ses niveaux différents d'authenticité, parce qu'elle est une personnalité volontaire et non une personnalité fatale[18]. A travers sa création littéraire comme à travers son action, Malraux tente d'atteindre une certaine image de lui-même, à laquelle il essaie ensuite de se conformer. Image projetée au devant de lui-même, puis partiellement incorporée à lui, qui le façonne autant qu'elle l'exprime, qui est à la fois ce qui lui manque et ce qu'il obtient...

Tel qu'il s'exprime dans son œuvre, sans doute est-il bien lui-même. Mais lui-même moins ce qu'il cache, ce qu'il exclut, ce qu'il désavoue. Journal d'un drame personnel, cette œuvre est la moins proche des psychologies habituelles. Quel silence l'entoure, quelle constante pudeur l'habite ! Tyranniquement fasciné par lui-même, et constamment résolu à échapper à soi, nul n'est plus hostile que Malraux au parti pris moderne (celui de Proust, de Gide) de transcrire une personnalité telle qu'elle fut, dans sa spontanéité, son abandon. Au moi qui s'accepte, il ne cesse d'opposer un moi qui se construit — et à travers mille refus.

19. *D'abord parce que le « conditionnement » psychanalytique ne me semble pas rendre compte de la qualité, dont aucun conditionnement ne rend compte. Ensuite parce que je tiens ce que nous appelons inconscient pour la confusion même. La psychanalyse nous a apporté un domaine considérable, mis en forme par des systèmes inégaux en valeur, et dont certains (non des moindres) nous font déjà l'effet de la phrénologie.*

20. *Le problème que vous soulevez ici dépasse de loin mes livres : c'est celui de la présence des souvenirs. Séparons-le de celui du mécanisme de la mémoire. Nous semblons admettre, chez tous les hommes, une disponibilité commune des souvenirs, intelligiblement limitée par des refoulements. Mais voyez dans la correspondance de T. E. Lawrence, à quel point ce qu'il voudrait refouler l'assiège, et à quel point ce qui l'en délivrerait peut-être, est loin de lui. La plus mince humiliation de son enfance est toujours prête à surgir ; les actes éclatants qu'il a accomplis, il ne les retrouve que par une véritable prospection. S'il existe des hommes pour lesquels l'état de souvenir flottant dont est colorée la vie est un état secourable, et d'autres pour lesquels il est une permanente menace, la différence entre ces deux types est une des plus profondes qui puissent séparer les hommes.*

Il y avait une scène là-dessus dans la partie perdue de La Lutte avec l'Ange.

Inutile de souligner ce qu'une connaissance un peu précise de cette question apporterait à une analyse comme la vôtre. Bien au-delà du « personnage construit » ; car celui-ci peut l'être sur des souvenirs de bonheur, ou contre des souvenirs ennemis. Je suis persuadé que le processus créateur du romancier est lié à la nature du passé qui l'habite ou le fuit — et qui sépare irréductiblement la technique de Stendhal de celle de Dostoïevski.

Révélatrice est son instinctive répugnance à l'égard de la psychanalyse et de la religion contemporaine de l'inconscient. Déjà *La Tentation de l'Occident* assure que l'idée d'inconscient prive l'Occident de ses meilleures armes. Et *Les Voix du Silence*, avec une obstination singulière, s'acharnent à exorciser l'explication psychanalytique du génie [19]. Malraux insiste sur la distance entre l'homme et l'œuvre qui naît de lui. La clef des œuvres d'art n'est pas dans le secret des biographies : « *La biographie d'un artiste, c'est sa biographie d'artiste, l'histoire de sa faculté transformatrice.* » Pour le peintre, c'est une évidence ; et que Paul Cézanne ne soit pas M. Cézanne, bourgeois d'Aix-en-Provence, chacun le voit. Mais, bien que la littérature soit l'expression de l'expérience humaine, ou plutôt bien que sa matière (les mots) soit aussi le moyen d'expression de cette expérience, M. Beyle n'est pas davantage Stendhal. L'œuvre filtre la vie. Et transforme l'homme. Le génie ne saurait naître de la vie, puisqu'il passe son temps à refuser ce que la vie accepte.

A son œuvre, Malraux ne confie que ce qu'il accepte de lui-même — et cette acceptation est une conquête. Que devient ici l'homme du songe et de l'amour, des souvenirs d'enfance et des rêves de bonheur, la complicité qui nous unit à nous-même et qui a la tiédeur et l'intimité de notre sang ? [20] L'œuvre de Malraux nous suggère un homme réduit à ses sommets, à sa part de volonté et de conscience, un homme abstrait de tout ce qui n'est pas le meilleur.

Illustration d'Alexeieff pour Les noyers de l'Altenburg

21. *Plus Balzac décrit un visage, moins je vois le visage qu'il décrit. Je vois le Père Goriot parce que je projette sur lui, confusément, des dessins de Daumier (et l'œuvre de celui-ci est pour moi, non seulement une prodigieuse illustration de Balzac, mais encore un monde qui se superpose à la* Comédie humaine *et lui donne le dessin qui lui manque). Vous* voyez *Rastignac ? Eugénie Grandet ? Même la Cousine Bette ? Et les duchesses ? Mais le Cousin Pons, sûrement : nous l'avons vu sur tous les* Amateurs d'Estampes *de Daumier...*

22. *Et qu'il y aurait à dire sur la réalité physique des héros de Stendhal !*

23. *La poésie aussi a grand besoin de son musée imaginaire : d'une anthologie qui ne ramène pas le passé à une suite de précurseurs des maîtres que l'auteur admire, et* pose *la question « Qu'est-ce que la poésie ? ». Qui tente de préciser enfin* par quoi *Homère s'unit à Mallarmé dans notre admiration.*

Abstrait, tout d'abord, de sa personne physique. Car on remarquera la rareté des détails physiques dans la description des personnages, et leur peu de réalité corporelle (l'un n'implique pas nécessairement l'autre : Balzac fait voir en décrivant [21], et Tolstoï sans décrire). Malraux qui sait évoquer avec tant de force un paysage d'Espagne ou une toile du Tintoret, pourquoi ne parvient-il pas à rendre sensibles ses personnages ? C'est sans doute qu'il ne le veut pas : la réalité physique participe de cette zone de l'humain qu'il veut écarter [22]. Pudeur, honte quasi-chrétienne du corps, comme chez T. E. Lawrence ? Plutôt une sorte de ressentiment à l'égard de tout ce qui entrave la volonté et l'esprit. Le corps fait partie du destin, et son mépris s'adresse moins à la sensualité qu'à la trahison de l'énergie. Perken avance vers les Moïs : « *Une fois de plus il se trouva planté dans le sol, vaincu par la chair, par les viscères, par tout ce qui peut se révolter contre l'homme.* » Gauguin n'est pas sa jambe qui pourrit, il est son œuvre, Nietzsche n'est pas dans sa cécité ou sa démence, il est dans son chant. La sensualité n'est pas condamnée, mais elle est absente : il y a un moment érotique de l'œuvre (car l'érotisme est lié à la volonté et à l'intelligence), nullement une dimension sensuelle. Silence sur ce qui est déchéance et sur ce qui est jouissance ; silence sur tout ce qui est l'homme malgré lui. Sur les songes venus de la nuit et de l'inconscience : le rêve — que le Surréalisme au même moment désigne comme une voie de libération, parce que le destin, pour lui, s'appelle raison et conscience — apparaît à Malraux comme une forme de la fatalité parce que le destin pour lui s'appelle inconscient. Les écrits sur l'art opposent le style de la maîtrise à celui du miracle et, pour le domaine le plus proche du rêve, la poésie [23], Malraux rappelle que la poésie du songe n'est pas plus haute que celle de l'exaltation. Silence sur l'enfance, aussi, parce qu'elle est en l'homme avant qu'il ne se prenne en charge. Claude aime en Perken « *le seul homme qui eût aimé en lui ce qu'il était, ce qu'il voulait être, et non le souvenir d'un enfant* ». Et, pleurant sur son fils mort, Gisors ne pleure pas sur l'enfant qu'il fut, mais sur l'homme délivré de l'enfance : « *May, écoutez : il ne faut pas neuf mois, il faut soixante ans pour faire un homme, soixante ans de sacrifices, de volonté, de... de tant de choses ! Et quand cet homme est fait, quand il n'y a plus en lui*

Eau-forte en couleurs d'Alexeieff
pour Les noyers de l'Altenburg. (Photo des Éd. Begh)

24. *Ici aussi, la question des moyens de création se pose. La littérature, lorsqu'il s'agit du bonheur, est un pauvre moyen en face de la musique.*

rien de l'enfance, ni de l'adolescence, quand, vraiment, il est un homme, il n'est plus bon qu'à mourir. » (Dans *Les Noyers de l'Altenburg*, seulement, quelques notations qui prennent soudain l'allure de confidences : « *Enfant, j'aimais à regarder les ailes des mouettes qui planaient...* » — « *Devant moi, deux arrosoirs, avec leurs pommes en champignon que j'aimais quand j'étais enfant* »...). Ainsi de l'homme, ainsi de l'artiste. « *Les artistes ne viennent pas de leur enfance, mais de leur conflit avec des maturités étrangères.* » Il n'y a pas d'art de l'enfance : « *On éprouve aussitôt combien être homme veut dire posséder : combien, en ce domaine comme en tant d'autres, la conquête de la virilité se confond avec celle de la domination de ses moyens.* »

Silence enfin sur la sensibilité elle-même. De tout ce qui tient dans sa vie une place inévitable, — l'amour, et même le bonheur, — Malraux ne dit rien. Il nous suggère l'image d'un homme dont le cœur ne serait que courage. Outre les conflits de valeurs auxquels son œuvre fait écho, Malraux a pourtant vécu le conflit de l'éthique et du bonheur privé. Parfois, nous sentons ce conflit affleurer, entre Kyo et May, par exemple, ou encore lorsque Kassner retrouve sa femme et son enfant. Et le bonheur rejeté a ses revanches. Vincent Berger, atteint par les gaz, pense qu'il va mourir. « *Il était possédé d'une évidence fulgurante... Le sens de la vie était le bonheur et il s'était occupé, crétin ! d'autre chose que d'être heureux ! Scrupules, pitié, dignité, pensée n'étaient qu'une monstrueuse imposture, que les appeaux d'une puissance sinistre, dont on devait entendre au dernier instant le rire insultant. Dans cette dévalade farouche sous le poing de la mort, il ne lui restait qu'une haine hagarde contre tout ce qui l'avait empêché d'être heureux.* » Gardons-nous de voir dans ce passage le signe que l'œuvre de Malraux appartient à la « littérature du bonheur » et non à la « littérature du salut ». Mais, quoi qu'en dise l'auteur lui-même, peut-être faut-il y voir plus qu'une « *simple réaction psychologique* ». Sur sa route, l'héroïsme rencontre parfois la nostalgie, et le sentiment fugitif d'une duperie. Le bonheur n'est pas ignoré [24]. Mais il est exclu.

Deuxième année — N° 5 — 9 janvier 1943

LA SEMAINE LITTÉRAIRE

RÉDACTION :
GILBERT TROLLIET
21, rue Sautter – Téléph. 46962

Paraît à Genève le samedi
La rédaction reçoit sur rendez-vous.
On s'abonne à l'administration et dans les librairies.

ADMINISTRATION :
HENRI-J. WEISS
46, bd des Tranchées – Tél. 56144

ABONNEMENTS	Un an	Six mois	Trois mois
	Fr. 18.—	Fr. 9.50	Fr. 5.—

Compte de chèques postaux : I. 8526

LE NOUVEAU ROMAN
D'ANDRÉ MALRAUX

LA LUTTE AVEC L'ANGE

*

LES NOYERS DE L'ALTENBURG

Chartres, 21 juin 1940.

Je ne reconnais pas le vaisseau de la cathédrale: les carreaux qui ont remplacé les vitraux de la nef l'éventrent de lumière. Au-dessous, dans les chapelles, les verrières étroites comme des colonnes de jour tremblent du haut en bas, sous le grondement marin des chars allemands qui déferlent. Semblable aux prisonniers blessés qui me précèdent, à ceux qui me suivent, je suis fasciné par le sol couvert de ce que nous croyions ne jamais revoir: de paille. Dans la nef déjà pleine semblent trembloter sous le jour vacillant des soldats qui ouvrent des boîtes de conserves ensanglantées; d'autres, bouteilles en l'air, prés d'un comptoir abandonné de la Croix-Rouge couvert de pharmacie et de bandes. Nous nous jetons sur les gerbes dont les épis frémissent, eux aussi, de la trépidation des chars jusqu'aux limites de la Beauce...

Au-dessus de moi, très haut, je vois les grandes nervures gothiques se rejoindre. Depuis ma blessure jusqu'aux hanches, mes jambes devenues une gaîne voluptueuse ét paralysée se dissolvent comme dans le champ de trèfle, lorsque nous attendions les blindés ennemis. A mon côté, un tirailleur algérien regarde, hébété, les mouches qui vont se poser sur son visage, et sourit à sa paille. En arriére de ma tête, des voix de plus en plus faibles parlent de trahison...

Un chatouillement lancinant du pied m'éveille: un infirmier prisonnier refait mon pansement. Il a pris d'autorité les bandes, l'ouate et l'eau oxygénée de la Croix-Rouge abandonnée, et, depuis le Portail Royal (nous nous sommes écroulés tout prés) soigne les blessés, qu'ils dorment ou non. Un éclatant soleil d'après-midi s'engouffre par les hautes verrières: je suis dans le vaisseau de Chartres en construction... Des Allemands passent, et les regards de ceux qui ne dorment pas les suivent: ce qu'ils disent concerne-t-il les prisonniers ? Dans ce monde d'où toute information a disparu, chaque Allemand est oracle. J'écoute le plus proche: « — A Bamberg, à gauche de la cathédrale, je connais un petit chemisier, mein kerl ! un commerçant qui... » Bamberg, la Chartres allemande... Misère de retrouver notre part fraternelle entre les appels de nos blessés vers l'infirmier et le bruit de ces bottes qui s'éloignent... !

Réveillées par ce passage, les nouvelles circulent.

— Paraît que l'armistice est signé... On démobilise, mais toutes les usines de guerre seraient obligées de travailler contre les Anglais...

— Pétain a été tué par Weygand, en plein conseil des ministres...

— « Ils » ont réclamé dix-sept départements, dis donc ! Encore ces vaches de Bretons qui vont avoir le coup de veine !

Les Bretons, généralement tenus, jusqu'ici, pour des «lourds», sont l'objet de l'envie générale: comment Hitler annexerait-il la Bretagne ?

— Les autonomistes, i'd'vaient ét' dans le coup !

25. *Le roman moderne est, à mes yeux, un moyen d'expression privilégié du tragique de l'homme, non une élucidation de l'individu.*

Et sans doute Malraux lui-même donne-t-il, par sa présence vivante, un sentiment analogue à celui que son œuvre inspire. Son œuvre lui ressemble par ce qu'elle exclut. Car il ne parle guère de lui-même. Lui qui joue sur la confusion de la vie et de l'œuvre, sur la légende, il semble un homme détaché de soi, habité par des passions impersonnelles, des idées, des projets d'action. Dans son regard dur et inquiet ne passent jamais les ombres de la nostalgie, du souvenir, du rêve. Ni son inquiétude, ni son enthousiasme ne semblent procéder de lui. Il n'est pas jusqu'à son attitude physique, cette façon d'être toujours debout, et comme aux aguets, qui ne suggère une sorte de volonté de se tourner le dos à soi-même, de reléguer dans l'ombre toute une partie de soi : tout ce qui l'empêcherait de saisir au vol ces occasions d'efficacité et d'intelligence à quoi l'univers semble se réduire à ses yeux. Dans l'excellent portrait qu'elle a tracé de lui, M. Saint-Clair note que le « Comment allez-vous, Malraux? » semble au bord de l'indiscrétion. Sans doute est-il cet homme que suggère son œuvre. Sans doute lui est-il naturel de l'être. Mais il l'est devenu : il y a aussi en lui l'humain qu'il s'acharne à exclure. Son œuvre et son destin lui ont servi de point d'appui pour se construire et pour se faire, en un sens, autre qu'il n'est.

Pourquoi tant de silences et d'exclusions ? Les convictions morales de Malraux et ses possibilités artistiques peuvent paraître une réponse suffisante. L'homme est plus haut que l'individu ; la confusion individuelle est sans valeur et sans signification ; l'exigence de qualité impose à l'homme de se fonder sur une part choisie de lui-même. Et la hiérarchie qu'il exige pour vivre lui découvre aussi le domaine de son art. A une littérature individualiste et bourgeoise, liée au culte de la différence individuelle et à la civilisation du plaisir, et dont le thème presque unique a été la sensualité amoureuse, Malraux oppose une littérature de la fraternité virile ; et à la psychologie des individus, la tragédie de la condition de l'homme[25]. Mais la justification de l'éthique n'est guère ici dans les raisons dont elle s'accompagne. Sensible aux idées, Malraux ne l'est pas aux raisons ; il ne démontre pas, il affirme, et souvent des vérités contradictoires. C'est que l'idée, bien loin d'être la conclusion d'un effort intellectuel désincarné, est la forme même d'une passion. Ici, les idées indiquent les besoins, les hantises. Loin d'être la clef de la psychologie, l'éthique doit recevoir de la psychologie sa clef. Pourquoi Malraux pose-t-il ces valeurs ? Quel est l'être que dévoile, qu'indique ce mouvement pour se construire en reniant toute une part de soi ?

On sait que Nietzsche enseigne à inverser la relation entre l'homme et l'œuvre que celle-ci suggère naturellement. Ce qu'un homme exprime dans son œuvre est ce qui lui manque, non ce qu'il possède. Le tragique d'Eschyle révèle la puissance de sa vitalité, l'optimisme d'Euripide sa crainte de la vie. Et Malraux ? Affirme-t-il les certitudes qui le dominent, ou les valeurs dont il a besoin parce qu'il en est privé ? Exclut-il ce qu'il désavoue ou ce qu'il redoute ? Il est des œuvres qu'éclaire à plein la pensée de Nietzsche : celle de Montherlant par exemple, où la dureté héroïque tente de dissimuler la nonchalance hédoniste de l'homme ; celle d'Aragon, où la ferveur tente de se substituer à une fantaisie détachée. Ici, l'œuvre reflète bien une image inverse de l'homme. Mais, chez Malraux, ce qui est présence dans l'œuvre semble présence dans l'homme : sa vie est fidèle à sa pensée, son personnage ressemble à ses personnages. L'homme selon l'œuvre n'inverse pas l'homme réel. Mais l'homme réel ne coïncide pas pleinement avec l'image de l'œuvre. Ce qu'affirme Malraux est bien ce qu'il aime et ce qu'il pense : mais il a voulu l'aimer et le penser. Il ne dirait pas si souvent que l'homme doit se fonder sur une part choisie de lui-même, s'il n'avait eu à choisir, c'est-à-dire à sacrifier. Quant à la part qu'il sacrifie en lui, elle n'est pas toujours celle qu'il dédaigne : elle est aussi celle qu'il fuit, celle qui le possède trop bien pour qu'il ne tente pas de s'en délivrer.

Dans les silences de l'œuvre, il y a autre chose qu'un désaveu : une dissimulation. Et dans ses paroles les plus éclatantes autre chose qu'un enthousiasme : une défense.

Sous le chant de l'exaltation héroïque, sous les images tumultueuses d'une époque évoquée dans sa tragédie, mais aussi dans son enthousiasme, sous cette voix attachée à toutes les formes de la grandeur, et qu'anime une vitalité impérieuse, s'entend comme une plainte douloureuse. Partout affleure une eau profonde et noire, partout se devine une angoisse sans visage, une lourde épaisseur de ténèbres sans ouverture sur le monde et sans espoir de clarté. Si Malraux s'écarte de ce « *monstre incomparable, préférable à tout* », que chacun est pour lui-même, que chacun « *choie en son cœur* », c'est sans doute qu'il n'est pas sur le chemin de la grandeur : c'est aussi qu'il est le lieu de la plus profonde angoisse. Car le sentiment intérieur que l'individu prend de lui-même est inséparable de la révélation de la vanité de toute vie. « *Tous souffrent*, songe Gisors, *et chacun souffre parce qu'il pense. Tout au fond, l'esprit ne pense l'homme que dans l'éternel, et la conscience de la vie ne peut être qu'angoisse.* » Tout au fond du gouffre intérieur est tapie la conscience de notre condition d'homme, — et cette conscience ne peut être supportée.

« *J'ai conté jadis l'aventure d'un homme qui ne reconnaît pas sa voix qu'on vient d'enregistrer, parce qu'il l'entend pour la première fois à travers ses oreilles et non plus à travers sa gorge ; et, parce que notre gorge seule nous transmet cette voix intérieure, j'ai appelé ce livre* La Condition humaine. » Ces lignes des *Voix du Silence* désignent sans doute l'idée génératrice du plus célèbre roman de Malraux. Toute l'angoisse de notre condition est contenue dans l'appréhension subjective de la conscience individuelle ; la voix que nous entendons par la gorge porte en elle tous les démons. « *Pour moi, pour la gorge, que suis-je ? Une espèce d'affirmation absolue, d'affirmation de fou : une*

26. *Nous pouvons nous voir en rêve défigurés, mais non physiquement autres. Et, il est instructif que notre conscience de nous-mêmes, dans le cauchemar le plus délirant, ne soit pas très différente de ce qu'elle est dans l'état de veille.*

27. *Cet étrange soleil fait apparaître, comme une ombre immense, la face mystérieuse de la vie — surtout dans certaines civilisations, à des époques où l'homme se trouve séparé du cosmos. Peut-être ne peut-il retrouver qu'ainsi le cosmos perdu. La méditation sur la mort ne rejoint nulle part la crainte d'être tué : je me suis parfois battu avec indifférence, et je ne suis pas le seul.*

intensité plus grande que celle de tout le reste. »[26] Toute conscience de soi ressemble à ces rêves peuplés de pieuvres qui, après le meurtre, obsèdent Tchen.

Si la condition de l'homme, aussitôt révélée, semble inacceptable, c'est d'abord qu'elle se profile sur les ténèbres de la mort. Dans *Les Noyers de l'Altenburg*, Malraux aime définir l'homme : *le seul animal qui sache qu'il n'est pas éternel.* C'est devant la mort que tous les héros de l'œuvre découvrent la vie et son non-sens : Garine va mourir, Perken meurt sous les yeux de Claude (« *l'irréductible accusation du monde qu'est un mourant qu'on aime* »), Gisors et May perdent Kyo, Hernandez meurt, Dietrich Berger se suicide. « *L'homme dont la mort — consciemment ou non — oriente la pensée* », écrivait Malraux en 1927, à propos de l'œuvre de Rouault, « *n'est nullement une sorte de désespéré. La mort donne à la vie une couleur particulière, — ce qui suffit ; elle ne tend pas à la lamentation, mais à l'absurde.* »[27]

Fulgurante révélation de l'absurde... Alors surgissent ce recul, cet effondrement où se lézardent et s'anéantissent toutes choses : plus rien n'a de sens ni de prix, ni même de réalité. Et cette obsession, au delà de la mort de l'individu, débouche sur la mort universelle : les lieux ardents de notre vie, Malraux les voit déjà recouverts par la jungle qui, bientôt, confondra dans la terre « *les traces de la demi-bête aurignacienne et celles de la mort des Empires* », — comme Hugo rêvant devant la Seine, en un poème où s'exprime une angoisse d'une intensité comparable, la voit déjà « *rendue aux joncs murmurants et penchés* ». La vie humaine est vue sur fond de mort, sur fond de néant. Pris dans l'action, débouchant de l'action, l'homme se trouve en présence d'un cosmos qui l'écrase : ordre des « *planètes mortes* » et de « *l'indifférence géologique* » qui rappelle l'homme à son néant. « *Tout à coup, à travers ce qu'il restait de brume, apparut à la surface des choses, la lumière mate de la lune. Clappique leva les yeux. Elle venait de surgir d'une grève déchirée de nuages morts et dérivait lentement dans un trou immense, sombre et transparent comme un lac avec ses profondeurs pleines d'étoiles. Sa lumière de plus en plus intense donnait à toutes ces maisons fermées, à l'abandon total de la ville, une vie extra-terrestre, comme si l'atmosphère de la lune fût venue s'installer dans ce grand silence soudain avec sa clarté.* » Mêmes notations

Après la reprise de Sainte-Odile par la Brigade Alsace-Lorraine

dans *L'Espoir* : « *Le soir sans soleil couchant et sans autre vie que celle du feu, comme si Madrid eût été portée par une planète morte...* » Et quand Vincent Berger rentre en Europe, il voit la race des hommes comme s'il était de l'autre côté de la vie : « *Jeté à quelque rive de néant ou d'éternité, il en contemplait la confuse coulée, — aussi séparé d'elle que de ceux qui avaient passé, avec leurs angoisses oubliées et leurs contes perdus, dans les rues des premières dynasties de Bactres et de Babylone, dans les oasis dominées par les Tours du Silence. A travers la musique et l'odeur du pain chaud, des ménagères se hâtaient, un filet sous le bras ; un marchand posait ses volets arlequins où s'attardait un dernier rayon ; la sirène d'un paquebot appelait ; un commis en calotte rapportait un mannequin sur son dos, à l'intérieur d'un étroit magasin plein d'ombres, — sur la terre, vers la fin du second millénaire de l'ère chrétienne...* »

Cette voix de la mort, bien que tout soit mobilisé pour la couvrir, on la sent toujours frémir sous ce qui la domine. A la fin de l'*Altenburg*, pour la première fois, Malraux semble découvrir une vie lavée de toutes les ombres. « *O vie, si vieille... Et si opiniâtre...* » Mais, dans l'exaltation de la vie, il y a le rappel de la mort : vie « *aussi forte que les ténèbres et aussi forte que la mort* ». Il nous dit n'être que naissance : mais il ne saurait oublier. « *Peut-être l'angoisse est-elle toujours la plus forte ; peut-être est-elle empoisonnée dès l'origine, la joie qui fut donnée au seul animal qui sache qu'elle n'est pas éternelle...* » *Les Voix du Silence* élèvent le chant vainqueur du génie. Mais ce chant ne peut continuer sans s'interrompre et tenter de se justifier : comme si Malraux, en s'exaltant, oubliait, puis se reprenait, puis oubliait à nouveau... « *Mais cette voix intarissable, et non pas immortelle, élève son chant sacré sur l'intarissable orchestre de la mort...* » — « *Sans doute un jour, devant les étendues arides ou reconquises par la forêt, nul ne devinera plus ce que l'homme avait imposé d'intelligence aux formes de la terre en dressant les pierres de Florence dans le grand balancement des oliviers toscans... L'Éternel de la Solitude n'est pas moins vainqueur des rêves que des armées...* »

A la supposer éternelle, l'existence de l'homme serait-elle moins inacceptable ? Le destin a d'autres masques, et il semble que la mort ne soit que l'un d'entre eux. « *Être homme, plus absurde encore qu'être un mourant* », s'écrie le héros de *La Voie Royale*. Selon Gisors, l'homme

Mitrailleurs de la Brigade Alsace-Lorraine dans les Vosges

28. *Pour ce personnage, et dans cette optique.*

29. *Et si, au lieu de dire* pour, *on disait* contre ? *Ce n'est la même chose qu'en apparence...*

souhaite la toute-puissance, non l'immortalité. La mort fait partie du destin, mais le destin est fait de tout ce qui nous borne et nous domine. « *Nous savons que nous n'avons pas choisi de naître, que nous ne choisirons pas de mourir. Que nous n'avons pas choisi nos parents. Que nous ne pouvons rien contre le temps. Qu'il y a entre chacun de nous et la vie universelle une sorte de... crevasse. Quand je dis que chaque homme ressent avec force la présence du destin, j'entends qu'il ressent — et presque toujours tragiquement, du moins à certains instants — l'indépendance du monde à son égard.* » (*Les Noyers de l'Altenburg*). Méditant sur le suicide de son père, Vincent Berger songe que le secret de l'homme est « *bien moins celui de la mort que celui de la vie, un secret qui n'eût pas été moins poignant si l'homme eût été immortel* ». *Les Voix du Silence* précisent : « *Le destin n'est pas la mort ; il est fait de tout ce qui impose à l'homme la conscience de sa condition ; même la joie de Rubens ne l'ignore pas, car le destin est plus profond que le malheur.* »

Il y a la souffrance, la torture, l'humiliation ; la faiblesse et l'impuissance du corps ; la solitude du cœur. Tout ce qui figure la puissance du monde et l'impuissance de l'homme ; la part des Dieux, — Saturne. Cette œuvre est l'acharné, le lancinant poème d'une descente aux enfers du malheur humain : le chant de toutes les figures de l'Irrémédiable. Car c'est moins l'anéantissement que l'irrémédiable qui fascine Malraux. Ce qui obsède Hernandez n'est pas la mort, mais la mort « *sans pouvoir se défendre* ». C'est la défaite qui tourmente Garine, la torture qui angoisse Perken. « *La chose capitale de la mort,* dit un personnage de *L'Espoir*, *c'est qu'elle rend irrémédiable ce qui l'a précédée, irrémédiable à jamais : la torture, le viol, suivis de la mort, ça, c'est vraiment terrible.* » Et plus loin : « *La tragédie de la mort est en ceci qu'elle transforme la vie en destin, qu'à partir d'elle rien ne peut être compensé.* » Mais, si la chose capitale de la mort est qu'elle fait surgir l'irrémédiable, la mort n'est-elle pas la chose capitale ? Irrémédiable et mort sont identiques, puisqu'il n'y a pas d'irrémédiable absolu en dehors de la mort[28]. Certes, le destin est plus profond que le malheur, mais, ici, il n'est pas plus profond que la mort, et sans doute Sartre a-t-il raison de dire que, pour Malraux comme pour Heidegger, l'homme est un « être-pour-la-mort » [29].

Qui partage une telle expérience ne peut que la vaincre, ou se laisser vaincre par elle. Mais ceux qui la dominent la vivent rarement avec autant d'intensité que ceux qui subissent sa domination. Peut-être est-il aisé à Pascal de surmonter son angoisse et ne l'exaspère-t-il que parce qu'il est assuré de Dieu. Peut-être est-il aisé à Gœthe d'immoler l'inquiétude à la sérénité, parce que la sérénité lui fut donnée en même temps que l'inquiétude. Peut-être est-il aisé à Breton de dénoncer « les conditions inacceptables, ici-bas, de toute existence » parce qu'il les dénonce du haut de la poésie. Les accusations contemporaines de l'existence rendent souvent un son artificiel d'autopersuasion : le non-sens n'est accentué que parce que le sens est possédé dès le départ. Combien plus profonde et plus noire, plus violente, plus décisive est, chez Malraux, la plongée ténébreuse ! Et plutôt qu'aux justificateurs de l'existence, il fait songer aux poètes du désespoir, à ceux qui ont vécu le désespoir avec trop d'intensité pour lui arracher autre chose qu'un cri fugitif. Le sang noir des poètes maudits coule dans cette œuvre : le sang de Nerval, le sang de Rimbaud, — de Crevel, d'Artaud, de Céline, — le sang du suicide, de la démence, du silence en proie aux démons.

Mais ce poète maudit entreprend d'agir et réussit. S'affirme de la race des hommes d'action, des organisateurs, des chefs politiques. Saturne ne lui dicte pas une nouvelle « Saison en enfer », ou les cris inaccordés d'Artaud : il élabore une œuvre positive et exaltante, lucide et victorieuse.

Soldats de la Ire Division blindée
et de la IXme Division coloniale

La situation pour vous est désespérée

En quelques jours vous avez attaqué l'Alsace avec succès, mais vous êtes à la fin de votre avance.

Vos chefs ignoraient les réserves allemandes, qui sont maintenant entrées en action et qui vous attaquent de toute part.

Par l'incapacité de votre chef, le général Delattre de Tassigny, les premiers succès incontestables, remportés grâce à votre héroïsme et à votre esprit de sacrifice, sont sur le point de se tsansformer en débâcle.

Maintenant il n'y a que deux possibilités pour vous: mourir dans une situation sans issue ou sauver votre vie

Rappelez-vous Arnheim, la sanglante bataille, pendant laquelle la première division parachutée britannique fut complètement anéantie.

Cessez le combat. Vous aussi vous avez le droit de continuer à vivre et à travailler.

Laissez-Passer

Le soldat français qui présentera ce laissez-passer fait preuve de sa loyauté et du désir qu'il a de se rendre.

Il sera aussitôt désarmé.

D'autre part, il a droit à la nourriture et, si besoin est, aux soins des médecins militaires allemands.

Aussi vite que possible il sera retiré de la zone dangereuse.

Le Haut-commandement allemand
des armées des Vosges.

Quatre jours plus tard : 2.000 prisonniers allemands.

Après la reprise d'Altkirch

30. *Ce mot connut, vers* 1920, *un grand prestige dans les milieux littéraires ; prestige auquel se sont opposées plus tard l'annexion comique des vertus bourgeoises par le communisme français, et l'annexion sérieuse de l'ordre par le stalinisme.*

Il est naturel que l'esprit révolutionnaire ne soit pas hostile à l'aventurier, allié contre leur ennemi commun, et le devienne, à l'aventurier tenu pour son adversaire. L'aventurier est évidemment hors la loi ; l'erreur est de croire qu'il soit seulement hors la loi écrite, hors la convention. Il est opposé à la société dans la mesure où celle-ci est la forme *de la vie ; il s'oppose moins à ses conventions rationnelles qu'à sa nature. Le triomphe le tue : Lénine n'est pas un aventurier. Napoléon non plus : l'équivoque*

UNE VITALITÉ PUISSANTE s'oppose à l'expérience saturnienne : et la force nerveuse, que l'on imagine si bien au service d'un lyrisme désespéré, se soumet à la volonté la plus opiniâtre. Est-ce la volonté de vivre qui s'oppose à la tentation du désespoir ? Non certes. La vie pour la vie n'a pas de sens. Il ne s'agit pas de vivre mais de combattre, sinon de vaincre. Malraux souffre moins du non-sens de la vie que de son poids de défaite et d'humiliation. La paralysie de l'angoisse trouve devant elle une énergie instinctive, l'impatience et la résolution du combat, — une énergie toujours prête à ruer, à foncer sur l'obstacle avec une ardeur presque sexuelle. A l'angoisse natale répond un courage instinctif, et toute l'œuvre — comme toute la vie — de Malraux n'est qu'une organisation méthodique du courage.

Les premiers héros de l'œuvre n'agissent guère pour créer quelque chose, mais seulement pour combattre, pour ne pas accepter. Si Garine s'attache à la Révolution, c'est qu'elle est moins édification que rupture, parce que « *ses résultats sont lointains et toujours en changement* ». Vivre, agir, vaincre ? Non point. Mais se donner à soi-même la preuve que l'on a refusé l'inéluctable défaite, fût-ce dans l'instant fulgurant d'une mort les armes à la main. « *Être tué, disparaître, peu lui importait ; il ne tenait guère à lui-même... Mais accepter vivant la vanité de son existence, comme un cancer, vivre avec cette tiédeur de mort dans la main... Qu'était ce besoin d'inconnu, cette destruction provisoire des rapports de prisonnier à maître, que ceux qui ne la connaissent pas nomment aventure, sinon sa défense contre elle ?* » La révolution, pour Garine, ne représente guère plus que l'aventure[30] pour Perken : elle est une « *grande action quelconque* ». Garine n'aime pas ceux avec qui il combat, et n'attend pas grand chose de la transformation *ne s'établit que par Sainte-Hélène. Lawrence n'en serait pas un s'il avait accepté de gouverner l'Égypte (ce qu'il refusa ; mais sans doute n'eût-il écarté aucune responsabilité en 1940). De même que le poète substitue à la relation des mots entre eux une nouvelle relation, l'aventurier tente de substituer à la relation des choses entre elles — aux « lois de la vie » — une relation particulière. L'aventure commence par le dépaysement, au travers duquel l'aventurier finira fou, roi ou solitaire ; elle est le réalisme de la féerie. D'où le poids du Harrar dans le mythe de Rimbaud : il sembla (et fut peut-être en partie)* les Illuminations *de sa vie.*

Le risque ne définit pas l'aventure : la Légion est pleine d'anciens aventuriers, mais les légionnaires sont seulement des soldats audacieux.

31. *Pour Hernandez, il s'agit d'un* vide, *que j'ai rencontré plus tard.*

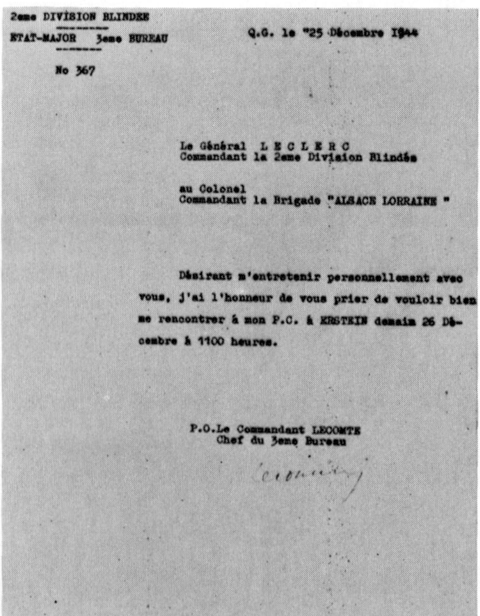

2eme DIVISION BLINDEE
ETAT-MAJOR 3eme BUREAU

Q.G. le "25 Décembre I944

No 367

Le Général L E C L E R C
Commandant la 2eme Division Blindée

au Colonel
Commandant la Brigade "ALSACE LORRAINE "

Désirant m'entretenir personnellement avec vous, j'ai l'honneur de vous prier de vouloir bien me rencontrer à mon P.C. à KRSTEIN demain 26 Décembre à 1100 heures.

P.O.Le Commandant LECOMTE
Chef du 3eme Bureau

de l'ordre social. Apre défense d'une vie en proie à tous les démons du néant et de l'absurde, la Révolution n'a de sens que par l'intensité qui les écarte provisoirement de nous. « *Pas de force, même pas de vraie vie, sans la certitude, sans la hantise de la vanité du monde.* »

Dans l'action s'affirme la puissance qui fait de l'homme autre chose qu'un esclave fasciné. Et cette puissance ne vaut que pour avoir conscience d'elle-même : l'action héroïque n'est pas un jeu tumultueux où s'endort, comme dans l'opium, la souffrance d'être homme ; « *la libération de l'état humain* » n'est pas une libération par l'inconscience. Sans doute certains personnages expriment-ils leur expérience en termes d'oubli. « *Je ne sens plus rien de ce qui pesait sur moi* », dit Tchen. « *Il ne pensait à rien* », écrit Malraux d'Hernandez[31]. Et Scali déclare que, depuis qu'il se bat, la mort a perdu pour lui « *toute réalité métaphysique* ». Fugitive rémission ! Et que les personnages obtiennent non point parce qu'ils sont hors du destin, mais si proches qu'il leur semble se fondre en lui dans une fulgurante étreinte. Toute la démarche de Malraux consiste à entrer directement en contact avec ce qui l'accable : à penser la mort, à étreindre le destin. Ni l'évasion du rêve et de l'oubli, ni le mensonge de la sérénité : le combat. C'est ce qui fait que les gestes de la délivrance sont ici des images tragiques, et que l'on peut prendre pour passion de la fatalité ce qui est passion de la liberté. Rien d'autre que les images du supplice, de la souffrance, de la mort : mais, à être lucidement pensées et courageusement affrontées, elles s'éclairent d'un jour de victoire. Il n'y a pas de défaite pour celui qui a *provoqué*... Toute lucidité est victoire, même si elle pense la mort ; toute lutte, même si elle rencontre la défaite. Dans la conscience tragique, Malraux a toujours vu la seule délivrance possible. Songeant à la tragédie greeque, mais songeant aussi à son œuvre, il nous prévient dans *Les Voix du Silence* : « *La tragédie, ici, nous trompe. La fatalité des Atrides, c'est d'abord la fin des grandes fatalités orientales... Au destin de l'homme, l'homme commence et le destin finit.* » Et encore : « *Le spectateur, la tragédie finie, décide de retourner au théâtre, non de se crever les yeux... Il ressent l'intrusion de l'homme parmi les forces dont il n'était que l'enjeu, — l'intrusion du monde de la conscience dans celui du destin.* »

A la lumière des livres suivants, il semble que l'échec de Garine et de Perken soit dans leur solitude, la victoire de Kyo, de Kassner, de Manuel, dans leur lien avec une communauté. Et il est vrai que la solitude appartient d'abord aux fatalités majeures, alors que, de *La Condition Humaine* à *L'Espoir*, l'œuvre est une exaltation de la fraternité. Mais le sentiment de l'isolement individuel n'est pas plus le vrai drame de Malraux que la rencontre d'une collectivité sa vraie victoire. S'élever d'une conscience individuelle à une conscience commune, il est vrai que c'est là tout son effort. Mais cette conscience commune n'est nullement la chaleur d'une communauté vivante. Bien plus qu'il ne cherche à sortir de soi pour trouver les autres, Malraux cherche à trouver en lui-même une force plus forte que lui, une puissance qui le transcende pour être celle de l'homme et non celle de l'individu. L'échec des premiers héros n'est pas la solitude du cœur. C'est la fragilité d'une action purement individuelle, qui vit et meurt avec l'individu : la petitesse de l'homme seul devant les figures écrasantes du destin.

Lorsque Garine déclare : « *Jouer sa vie sur un jeu plus grand que soi* », n'entendons pas qu'il veuille servir et rejoindre d'autres êtres que lui-même : un peuple, une nation. Entendons qu'à son action il veut donner une force et une durée supérieure à celle de sa propre vie. « *La durée ! il s'agit bien de ça* », s'écrie avec dédain le narrateur des *Conquérants*. Mais n'est-ce pas justement de cela qu'il s'agit ? Si le destin n'était que l'impuissance de l'homme, il suffirait pour le vaincre d'un instant, d'un « *matin triomphant* » de l'action. Mais si le destin s'appelle la mort, il faut pour le conjurer sinon une éternité à laquelle Malraux ne saurait croire, du moins une durée autre que celle de l'existence individuelle, une continuité. La seule victoire de Garine et de Perken est de mourir sous les yeux de l'ami qui sera son témoin.

Et c'est ici qu'apparaît le lien des romans et de la méditation historique qui n'a cessé de leur être parallèle : le lien de l'action et de la pensée. L'époque des *Conquérants* et de *La Voie Royale* est aussi celle de *La Tentation de l'Occident* et d'*Une Jeunesse Européenne*. Or, l'intérêt pris à l'Histoire ne vient pas plus de la seule intelligence que l'intérêt pris à l'action ne vient de l'ambition ou d'une

L'arrivée au Rhin
(Photo Germaine Krull)

Strasbourg : rue de la brigade Alsace-Lorraine.

32. *En* 1910, *on fouillait l'inconscient pour y trouver des démons ; en* 1953, *on commence à y trouver des anges (ou des héros). Ce qui pourrait nous mener assez loin.*

aptitude particulière à agir : l'homme qui réfléchit sur l'Histoire et intervient dans la politique de son temps ne fait qu'un avec celui qui tente, par son œuvre, de se délivrer de ses monstres. Malraux attend de l'Histoire le soutien que l'individu ne peut se donner à lui-même et qu'il ne peut plus recevoir de Dieu.

La conscience individuelle est angoisse, et la vaincre ne peut être que sortir de soi. Dès le début, Malraux dénonce et fuit ce qu'il appellera plus tard « *le monstre de rêves* », que la Psychanalyse désigne comme l'être fondamental. « *Le Moi, palais du silence où chacun pénètre seul, recèle toutes les pierreries de nos provisoires démences, mêlées à celles de la lucidité : et la conscience que nous avons de nous-même est surtout tissée de vains désirs, d'espoirs et de rêves. Notre vie involontaire — presque toujours bien loin d'être inconsciente — dominerait l'autre sans un effort constant..* » (*D'une Jeunesse Européenne*). Au même moment, le Surréalisme, qui part d'une expérience identique, cherche lui aussi une libération en faisant éclater les limites du Moi : en le liant à une psyché commune. Mais cette psychè commune, qui n'est autre que l'inconscient [32], est semblable à ce que l'individu trouve dans sa solitude. Pour Malraux, la libération exige que l'individu s'ouvre à une réalité différente de lui-même. Il ne peut être sauvé que par une puissance qui soit celle de l'homme. Or cette puissance commune, c'est justement ce que les grandes cultures parviennent, à travers l'Histoire, à opposer aux individus.

D'où la critique de la civilisation contemporaine qui est au cœur des premiers essais. Malraux ne commence pas par écrire *La Condition Humaine*, mais *La Tentation de l'Occident* : et l'œuvre qu'il a portée le plus longtemps en lui ne s'appelle pas *La Lutte avec l'Ange*, mais *Les Voix du Silence*. Cependant, s'il a écrit *La Tentation de l'Occident* avant *La Condition Humaine*, c'est en réponse à la révélation de *La Condition Humaine* qu'il n'avait pas encore écrite. La méditation pascalienne sur la mort est plus profonde et plus ancienne que la méditation hégélienne sur l'histoire : mais la méditation sur l'histoire répond à la méditation sur la mort.

A la culture de son temps, Malraux demande cette image plus forte que le destin, dont les grandes cultures ont armé la faiblesse de l'homme. Il ne l'y découvre pas.

Dans ses premiers écrits, s'opposent la voix des cultures rédemptrices auxquelles il ne peut pas appartenir, et la voix de la culture à laquelle il appartient, mais qui n'est pas rédemptrice. Le détachement de l'Orient n'est pas l'une des tentations de l'Occident, mais les certitudes de l'Orient soulignent douloureusement la désagrégation européenne. Pas davantage n'est-il question pour le jeune Malraux d'adhérer à la foi chrétienne, et sans doute peut-on assurer qu'il n'en sera jamais question. Mais la conscience de la crise de l'Occident moderne a toujours été liée pour lui à une nostalgie tenace de la figure chrétienne de l'homme. *La Tentation de l'Occident* se clôt sur le refus de la Croix (« *Certes, il est une foi plus haute ; celle que proposent toutes les croix des villages, et ces mêmes croix qui dominent nos morts. Elle est amour, et l'apaisement est en elle. Je ne l'accepterai jamais...* »). Et *D'une Jeunesse Européenne* s'ouvre sur le problème de l'héritage chrétien : « *Notre première faiblesse vient de la nécessité où nous sommes de prendre connaissance du monde grâce à une « grille » chrétienne, nous qui ne sommes plus chrétiens.* » Obsession qui n'a jamais faibli, puisque la préface au *Temps du Mépris* la retrouve (« *La personne chrétienne existait au moins autant que l'individu moderne, et une âme vaut bien une différence* ») et que *Les Voix du Silence* posent comme thèse fondamentale que l'art et le monde modernes ont surgi des « *crevasses de la chrétienté* ». Le christianisme est ici une référence essentielle, mais non pas comme une tentation possible : comme une absence définitive, un mort que l'on ne peut ressusciter, mais dont le souvenir jette à la face du présent toute son insuffisance. Entre toutes les grandes cultures, la chrétienne a sans doute été la plus apte à fonder en signification l'existence humaine, en donnant un sens libérateur à cela même qui semble l'asservir à jamais. Et la question de Tchen est bien la question de Malraux : « *Que faire d'une âme, s'il n'y a ni Dieu, ni Christ ?* »

A cette question, le monde moderne ne donne aucune réponse. Une civilisation qui fait de l'individu sa valeur suprême est incapable d'édifier sa « réalité », c'est-à-dire une vision de l'homme et du monde qui attache la vie à elle-même. « *Nous voilà donc contraints à fonder notre notion de l'homme sur la conscience que chacun prend de soi-même... La première apparition de l'absurde se prépare.* »

— « *Pousser à l'extrême la recherche de soi-même,* en acceptant son propre monde, *c'est tendre à l'absurde.* » (*D'une Jeunesse Européenne*). C'est que l'individu se définit par sa passivité et sa complaisance, alors que créer la réalité de notre civilisation, ce serait la fonder sur une valeur, sur une conception orientée et hiérarchisée de l'homme. L'Occident est submergé par le flot des possibles : tous les styles du passé, toutes les valeurs du pluralisme des cultures s'engouffrent par la brêche qu'a ouverte notre désaffection à l'égard de nous-même, et le moi se désagrège dans les jeux de l'inconscient et dans les nuances de la sensibilité, jalousement recueillis. L'énergie occidentale demeure, mais sans but. La lucidité demeure, mais sans vérité. « *Que devient un monde qui est ma représentation si je n'ai que peu d'intérêt pour moi-même et si je tiens pour essentiellement mensongère la volonté d'édifier cette représentation ?* » (*D'une Jeunesse Européenne*). — « *Il n'est pas d'idéal auquel nous puissions nous sacrifier, car de tous nous connaissons les mensonges, nous qui ne savons point ce qu'est la vérité.* » (*La Tentation de l'Occident*).

Lucidité sans foi, énergie sans objet... « *Faibles images, en face des vieilles nécessités humaines.* » A la conscience pascalienne de la condition humaine répond le nihilisme européen que Nietzsche a le premier dénoncé. En même temps qu'au statut métaphysique de l'existence, Garine s'oppose à une civilisation qui ne lui a pas donné le secours espéré. Il n'est pas indifférent que l'action des premiers livres se déroule loin de l'Europe : c'est moins l'avenir de la Révolution qu'y recherche Garine, que la rupture avec le passé européen. Mais à l'énergie solitaire et fondamentalement vaine des premiers livres, s'oppose bientôt l'énergie confiante et fraternelle des militants révolutionnaires. Et, en même temps que l'œuvre romanesque passe de l'héroïsme solitaire de l'aventure à l'exaltation de la fraternité virile, la méditation historico-politique passe du pessimisme nihiliste du début à l'optimisme révolutionnaire des quelques déclarations qui jalonnent la période communisante de Malraux.

Il ne s'agit plus de jouer un jeu, de se plier à une grande action *quelconque*, de voir dans « *l'absence de finalité donnée à la vie une condition de l'action* ». La Révolution n'est pas un jeu, mais une vocation impérieuse et justifiée. Pour Kyo, elle est la seule arme au service de la dignité des siens :

André Malraux avec un chat sur l'épaule.

L'une des signatures d'André Malraux, ami des chats.

Ci-contre : Un article publié aux États-Unis à la fin de la guerre, et la publicité qu'on pouvait lire au verso. L'article précédent du même magazine Collier's, *— consacré au général Bor, défenseur de Varsovie — portait au verso une publicité .(pour du whisky) représentant des ours...*

THE Heroes

ANDRÉ MALRAUX

PORTRAIT BY WILLIAM AUERBACH-LEVY

IX

SOMEWHERE today in the Vosges, battle scarred André Malraux leads a brigade of patriots dedicated to the liberation of Alsace and Lorraine. As he scales the mountain ramparts, dragging his guns through snow-filled passes, the heart of France follows him, for here is a hero who meets every French specification. A *beau sabreur,* all fire and color—daring, picturesque, romantic—a fighter for freedom under three flags, his life packed with high adventure, he is a throwback to the days of knight errantry.

Regarded as the most promising of young French writers, Malraux put by his pen in 1926 and raced to China where Chiang Kai-shek headed a revolt against the war lords of North China. By turns a propagandist and a soldier, one day found him writing appeals to the people, and the next saw him leading some desperate charge. Two years were given to the struggle, and he left only when the Generalissimo sat in Nanking.

Again in 1936, when Franco rose to overthrow the Spanish republic, André Malraux turned away from literature, and enlisted in the ranks of the Loyalists. Although thirty-five, he became a war pilot and captained a squadron that gave battle to German and Italian planes for three long, terrible years. A price was on his head when he fled at last across the Pyrenees, for his brilliant exploits in the air lanes had made the author-soldier a marked man.

Back in France he wrote and spoke against Hitler, vainly attempting to make his people realize the German menace. When war came, and they told him that he was too old to fly, he joined a tank unit and mastered a new fighting technique. Severe wounds led to his capture, but he managed to escape before the Germans sent him to the Reich. Making his way to the Riviera by slow and painful stages, he said the same thing over and over to the other fugitives that he met in cave and thicket: "France is defeated only if Frenchmen admit defeat. *Fight!*"

Recovering from his wounds, Malraux left the coastal plain for the wooded fastnesses of the Dordogne, and there in the mountains the first Maquis sounded their challenge to German might. From far and near, recruits streamed in, and soon a guerrilla army was operating throughout the whole of central France. Bringing into play the tactics and strategy he had learned in China and Spain, the daring chieftain swooped down in swift forays that demoralized the Germans and at the same time supplied his men with food, clothing, weapons and ammunition. Best of all, his wild courage and fierce determination lifted the soul of France.

This guer
for it was not
flew low over
and machine
Malraux wai
down poured
Toulouse rol
der orders to
the odds, Ma
hand-to-hand
was the Fren
but of the 25

Tragically
made a priso
mourned his
author-soldie
of pretending
drew himself
sively and ar
portance. "I
the Army of

The Ger
authority, to
his act. Her
him over to
maintained l
information
sent him to F
as the Allies
committee a
Free French

All that t
now André
cheers still
loved Paris a
ship and da
Alsatians ar
driven from
carry in the
grimed, vote
homeland ar
mand the A
hesitation, a
eyes on the

Ask Fren
quickly. "B

33. *En combattant avec les Républicains et les communistes espagnols, nous défendions des valeurs que nous tenions (que je tiens) pour « universelles ». Le nationaliste français qui combattait avec Franco défendait le nationalisme espagnol, non le sien. Pour la France, Drieu s'est battu. Jusqu'à la mort. Pas pour l'Espagne.*

« *Il aurait combattu pour ce qui, de son temps, aurait été chargé du sens le plus fort et du plus grand espoir... il mourait comme chacun de ces hommes couchés, pour avoir donné un sens à sa vie.* » A une pensée seulement lucide, à qui toute valeur paraissait duperie, succède une pensée qui possède sa vérité et croit en son triomphe. « *Il faut que l'usine*, dit Gisors, *qui n'est encore qu'une espèce d'église des catacombes, devienne ce que fut la cathédrale, et que les hommes y voient, au lieu des Dieux, la force humaine en lutte contre la terre.* » Et Malraux, en 1935, déclarait : « *Il n'est pas sûr que la confiance arrache toujours les hommes à la terre, mais il est certain que la défiance les y couche à jamais. Nulle civilisation — et même nulle barbarie — n'est assez forte pour arracher aux hommes les mythes qui sont la plus vieille puissance humaine, mais la barbarie est ce qui sacrifie les hommes aux mythes, et nous voulons une civilisation qui soumette les mythes aux hommes.* » Il semblait que Malraux eût enfin trouvé ce qu'il n'avait cessé d'attendre : une nouvelle notion de l'homme, capable de redonner forme à la civilisation, de « *restituer à l'individu sa fertilité* ».

Si Malraux ne s'est pas arrêté à une conception marxiste de la Révolution, c'est d'abord qu'il n'a jamais adhéré réellement à elle. A ses yeux, la vision marxiste n'a jamais été la vérité enfin dévoilée de l'histoire, ni la volonté marxiste la finalité enfin révélée de l'action. Il est significatif que sa période communisante ait été la seule où sa pensée n'ait jamais pris la forme d'un essai de quelque envergure ; par contre, c'est le moment des grands dialogues romanesques où il ne s'engage pas directement et où s'engouffrent des voix infatigablement contradictoires, comme si une incertitude accrue de la pensée répondait à l'affirmation que suggèrent l'œuvre romanesque et l'attitude politique.

Pas un seul instant la pensée de Malraux n'a été fixée par la « vérité » marxiste. Non point qu'entre Malraux et le marxisme, il n'y ait aucun terrain de rencontre ; et il est dérisoire de prétendre qu'il eût été aussi bien fasciste — et qu'il pourrait le devenir. S'il s'est battu du côté des républicains espagnols, — et non du côté des franquistes, comme Drieu La Rochelle s'il eût été Gilles, — ce n'est pas un choix sans raison, un dé jeté au hasard de l'action[33].

Mais ce qui a rapproché Malraux du marxisme n'est pas ce qu'il y a de spécifique en lui, et Trotsky le sentait bien lorsqu'il écrivait (à propos des *Conquérants*, il est vrai) qu'« une bonne inoculation de marxisme » aurait résolu les problèmes de l'auteur.

De Marx, Malraux retient ce qu'il a de commun avec Nietzsche : la dénonciation de l'hédonisme et de l'optimisme bourgeois, la prophétie de cette « heure nouvelle qui sera au moins très sévère » que, de son côté, Rimbaud avait annoncée. « La force est l'accoucheuse de toute vieille société, grosse d'une société nouvelle. » — « La meilleure forme d'État est celle où les antagonismes sociaux ne sont pas estompés... mais celle où les antagonismes en arrivent à la lutte ouverte. » Dans ces affirmations de Marx, sans doute est-ce l'écho nietzschéen qui le requiert. A l'optimisme du XIXe siècle, Malraux reproche « *le poing imposteur* » dont il a voulu « *clore la bouche de la destinée* ». Comme Marx et comme Nietzsche, il est homme du conflit, de l'incompatible : il est de ceux qui pensent que les choses ne finissent pas toujours par s'arranger, et qui opposent aux conciliations la nécessité tragique du choix. Mais, homme conscient du tragique, il est aussi l'homme du combat contre le tragique : et là, sans doute quitte-t-il le chemin nietzschéen de l'Amor Fati pour rejoindre l'espoir qui est au cœur du marxisme comme il est au cœur de la démocratie.

Car il est remarquable que le manifeste le plus important de sa période apparemment marxiste, avec la préface au *Temps du Mépris* ; la conférence sur *L'Héritage culturel*, prononcée en 1936 à Londres devant l'Association Internationale des Écrivains pour la Défense de la Culture, s'attache justement à mettre en lumière non point l'irréductibilité du marxisme et de la démocratie, mais leur compatibilité. Les valeurs communistes et les valeurs libérales sont également universelles et dialectiques : les valeurs fascistes sont particulières et permanentes. Marxisme et démocratie mobilisent l'énergie de l'homme contre le destin : le fascisme débouche sur le combat de l'homme contre l'homme. (« *J'ai toujours été frappé de l'impuissance où sont les arts fascistes de représenter autre chose que le combat de l'homme contre l'homme... Alors que du libéralisme au communisme, l'adversaire de l'homme n'est pas l'homme, c'est la terre. C'est dans le combat contre la terre, dans l'exaltation de la conquête* des choses *que s'établit, de Robinson Crusoë au film soviétique, une des plus fortes traditions de l'Occident.* ») La tragédie débouche sur l'espoir : car le tragique qui est au cœur de l'œuvre n'est pas un pessimisme ; il est vécu à travers un combat qui, en un sens, est un combat victorieux. Il y a non point un optimisme mais un espoir, chez Malraux, — une justification de ce qui est par ce qui sera, la conscience exaltée de la « *possibilité infinie du destin* ». « *C'est dans l'accusation de la vie que se trouve la dignité fondamentale de la pensée, et toute pensée qui justifie réellement l'univers, s'avilit dès qu'elle est autre chose qu'un espoir.* » Ces lignes, qu'André Malraux m'écrivait en 1934 à propos de *La Condition Humaine*, mettent en lumière ce lien de l'accusation à l'espoir. Accusation et Espoir : le contraire de toute idéologie fasciste et réactionnaire, qui est acceptation de ce qui est, volonté de maintien ou de restauration. Mais le problème majeur du marxisme — la séparation du travail et du capital — n'a jamais été pour Malraux qu'un problème subordonné.

…est dans l'accusation de la vie que se trouve la dignité fondamentale de la pensée, et toute pensée qui justifie réellement l'univers s'avilit dès qu'elle est autre chose qu'un espoir. Il faudrait montrer pourquoi.

Entre le moment de l'Aventure et celui de la Révolution, nulle conversion intellectuelle ne s'est produite. Mais le drame intérieur de Malraux suit son cours, et cherche une issue. Malraux ne découvre pas la question sociale ; il n'adhère pas à un système d'action ou de pensée. Mais il découvre le secours qu'apporte à l'individu solitaire une communauté vivante à laquelle il peut se lier. Il découvre que les pieuvres du « *monstre de rêves* » s'évanouissent quand pénètre le grand jour du dehors. Il découvre que la fraternité humaine est, contre le destin, le plus ferme rempart. La préface du *Temps du Mépris* est le manifeste d'une éthique et d'une esthétique de la fraternité virile. Et, à partir de *La Condition Humaine*, les plus grandes scènes de l'œuvre sont des apothéoses de la fraternité. Qu'elle semble fragile et anxieuse, la fraternité de cette étroite communauté tragique qui ne lutte contre le néant d'une vie humaine qu'appuyée sur le néant

Ministère de l'Information. Signature du traité franco-tchèque ;
le ministre tchèque en train de signer est Clémentis (exécuté depuis).

34. ... *En tant que clef de l'histoire. Mais je ne l'avais jamais acceptée comme telle.*

Time, juin 1947.
Bien entendu, le revolver est une paire de gants.

d'une autre vie ! Combien plus vaste et plus puissante que la fraternité des compagnons d'aventure, celle des camarades de combat ! Étendus sous le préau de l'école, Kyo et Katow attendent la torture et la mort. Mais, au dessus de leur espoir détruit, de la Révolution vaincue, monte le chant vainqueur de l'invisible foule qui, déjà, pense à leur mort « *comme les croyants prient* ». « *Il est facile de mourir quand on ne meurt pas seul* »... Kassner, à travers les murs de sa prison, communique avec des camarades inconnus : et la fraternité lui semble aussi forte que le destin. « *Kassner s'était bien des fois demandé ce que valait la pensée en face de deux cadavres sibériens au sexe écrasé, des papillons autour du visage. Aucune parole humaine n'était aussi profonde que la cruauté, mais la fraternité virile la rejoignait jusqu'au plus profond du sang, jusqu'aux lieux interdits du cœur où sont accroupies la torture et la mort.* » Aux scènes de la Marche au Supplice répondent les images d'une légende triomphale de la Fraternité — dont le partage du cyanure demeure le plus célèbre symbole, et que viennent rejoindre, dans *L'Espoir*, la scène de la descente de la montagne et, dans *Les Noyers de l'Altenburg*, celle où, fuyant la forêt atteinte par les gaz, Vincent Berger revient vers les lignes allemandes avec le corps du soldat russe évanoui.

Que Malraux ait trouvé dans cette légende de la fraternité révolutionnaire de hautes images accordées à son lyrisme, et qu'il ait ensuite rompu avec la conception marxiste de la lutte des classes [34], — ce qui lui interdit évidemment de recourir dans ses ouvrages futurs au mythe de la révolution prolétarienne, — il y a bien là de quoi pousser ceux qui pensent que l'on ne peut servir le prolétariat qu'à l'intérieur d'une telle conception à conclure que le thème de la Révolution n'avait été pour lui qu'un motif artistique manié avec puissance et éclat, certes, mais sans sincérité. Partagé entre la confiance et l'inquiétude, Emmanuel Mounier interrogeait : « Un Malraux ayant connu cette fraternité-là, et l'oubliant, apparaît comme une impossibilité spirituelle. » (*André Malraux ou l'impossible déchéance*). Animés d'un esprit tout différent, d'autres avaient pu avoir ce même sentiment d'un jeu. Devant *L'Espoir*, Montherlant se demandait lui aussi : « Jusqu'à quel point croit-il ? Si c'est un jeu, c'est un jeu bien caché. »

35. *C'est le problème banal de tous ceux qui ont combattu aux côtés des communistes par éthique (comme, de* 1941 *à* 1944, *par patriotisme) : il est, lui aussi, un instant de l'histoire. L'idéologie socialiste — Marx d'abord — n'a jamais, que je sache, envoyé la justice à la poubelle. Lorsque le parti communiste me demanda de porter à Berlin, avec André Gide, les protestations recueillies en Europe contre le procès de Dimitroff, il ne s'agissait pas exclusivement du prolétariat. Peut-être l'évolution actuelle du stalinisme était-elle inévitable ; mais nous ne combattions pas pour remplacer le capitalisme par ce quatrième pouvoir qu'est devenue la police d'état. Peut-être le militant de base accepte-t-il allègrement la Guépéou toujours, le procès de Prague aujourd'hui, acceptera-t-il l'antisémitisme demain ; pour en être troublé, il faudrait ignorer les techniques par lesquelles on les lui fait accepter.*

Comme si des thèmes aussi profondément accordés à l'inspiration pouvaient ne pas engager profondément celui qu'ils inspirent ! Entière est la sincérité humaine de l'œuvre révolutionnaire : presque inexistante est sa sincérité marxiste. Au prolétariat révolutionnaire, Malraux demande une force et une durée multipliées. S'il le rencontre, c'est sur le chemin où, solitaire, il luttait déjà contre le destin : l'impérieux besoin de ne pas affronter seul un tel adversaire le jette vers lui. Et sans doute le choix du prolétariat n'est-il pas arbitraire. Classe opprimée, il est comme le symbole social d'une humiliation métaphysique[35]. Mais Malraux n'a vu en lui ni un instrument providentiel de l'histoire, ni le moyen d'une communion sentimentale. Spartacus mérite de représenter Prométhée, — contre Saturne. Mais c'est Prométhée qui importe : l'Homme.

« *Écœuré, le dyable s'en va* »

Le général de Gaulle recevant
une délégation de l'Amérique latine.

APRÈS AVOIR CHERCHÉ l'affirmation de l'homme dans une action individuelle, puis dans une action sociale localisée dans l'histoire, il était naturel que Malraux cherchât d'autres symboles. L'action individuelle souffre de la précarité de l'individu ; l'action révolutionnaire de l'étroitesse de l'horizon social et historique. Malraux ne voit l'homme qu'incarné dans le temps : mais ce qui s'incarne dans le temps, bien plus qu'une énergie mobilisée contre la misère et l'injustice d'une société particulière, c'est une énergie métaphysique qui répond à une situation métaphysique. Et ce n'est ni dans la foule, ni même dans le peuple, que l'individu trouvera la suprême puissance qui armera l'homme contre le destin. Pas plus que la chaleur complice de l'individu, celle de la communion humaine ne donne la plus haute force. Car cette force est choix, valeur, conscience, réduction volontaire et lucide de l'homme à sa part souveraine. Et la masse, comme l'individu, charrie le pire avec le meilleur.

Il est vrai que Malraux, un instant, recherche le renouvellement de l'art dans un lien avec une communauté révolutionnaire. Un art lié à un mythe social n'est-il pas plus haut qu'un art pur ? La conférence sur *L'Héritage culturel* (1936) part de la distinction qui ouvre *Les Voix du Silence*, d'un art « *rhétorique* » et d'un « *art de vérité* ». Mais, alors que *Les Voix du Silence* acceptent « *l'art rhétorique* » (celui où l'artiste compte plus que ce qu'il figure) comme un inévitable et magnifique destin, les pages sur l'*Héritage culturel* sont aux aguets de cet art de vérité, qui serait aussi « *un art des masses* ». « *J'accepte volontiers pour ma part*, ajoutait Malraux, *de voir renaître en tous les hommes la communion dans le domaine fondamental des émotions humaines.* » Du même état d'esprit témoignent suffisamment la préface au *Temps du Mépris*,

Ange Kwakiutl (Photo écartée des Voix du Silence)

36. *Précisons pourtant. — J'ai vu fonctionner de près le système actuel. Je pense qu'en un temps où la France n'est plus une puissance de premier rang, il est inefficace. Comment peut-il être radicalement transformé ? Que l'on accepte ou non ma réponse ne change rien à la gravité de la question ; et si j'ai entendu peu de ministres la poser, je n'en ai pas entendu un seul dire qu'elle ne se posât pas.*

tel dialogue (il est vrai polémique) de *L'Espoir* (la réponse de Scali à Alvéar : « *Vous connaissez certains des grands sermons du Moyen-Age... Ces sermons étaient écoutés par des hommes plus ignorants que ceux qui combattent avec moi... Les hommes unis à la fois par l'espoir et par l'action accèdent, comme les hommes unis par l'amour, à des domaines auxquels ils n'accèderaient pas seuls.* »), la fin de l'*Esquisse d'une Psychologie du Cinéma* (« *Le mythe commence à Fantômas, mais il finit au Christ. Les foules sont loin de préférer toujours ce qu'il y a de meilleur en elles ; pourtant elles le reconnaissent souvent. Qu'entendaient celles qui écoutaient prêcher Saint Bernard ? Autre chose que ce qu'il disait ? Peut-être : sans doute. Mais comment négliger ce qu'elles comprenaient à l'instant où cette voix inconnue s'enfonçait au plus profond de leur cœur ?* »). Mais, au moment même où Malraux rêvait de cet art de masses, il déclarait à ceux qui en rêvaient avec lui : « *La masse porte en elle sa fécondité comme sa stérilité, et c'est une de nos tâches de la réduire à sa fécondité.* »

« *Les foules sont loin de préférer toujours ce qu'il y a de meilleur en elles* »... La formule de 1946 : « *L'homme est rongé par les masses comme il l'a été par l'individu* » est moins une rupture qu'un aboutissement. De la masse comme de l'individu, Malraux pourrait écrire ce qu'il a écrit du monde, « *qu'il ne signifie rien par lui-même, car il signifie tout* ». A la confusion de l'immédiat, — qu'elle s'appelle masse, individu ou monde, — Malraux veut opposer une valeur, un sens qu'il ne peut recevoir que d'un choix.

Dans l'attitude politique actuelle de Malraux entrent pour une large part des considérations dont nous n'avons pas à tenir compte ici, parce qu'elles relèvent de l'ordre d'une réflexion politique technique [36], et de circonstances imprévisibles. Mais rien n'était plus prévisible que sa rupture avec toute perspective marxiste. La même nécessité, le même mouvement qui le conduit à aller de l'individu qui s'abandonne à l'individu qui se veut, puis de l'individu volontaire à la collectivité, le conduit de la collectivité à l'homme. Liés entre eux par un accord instinctif plus encore que médité, — accord instinctif qui révèle combien l'œuvre est soumise au mouvement du drame intérieur, — *Les Noyers de l'Altenburg*, les différentes déclarations publiques (la conférence de l'UNESCO

Salle Gaveau. A droite : Denis de Rougemont, Faulkner, Auden.
A gauche : Salvador de Madariaga.

37. *D'autant moins que sa musique ne l'est pas toujours ! Mais l'évolution esthétique du stalinisme n'est pas sans liens avec son évolution éthique. Et je ne reproche nullement aux Russes leur mauvaise peinture, qui dure depuis la mort de Roublev,* 1430 ! *je reproche aux staliniens les méthodes par lesquelles ils l'imposent, et l'idéologie par laquelle ils la justifient.*

sur *L'Homme et la Culture artistique*, en 1946, l'*Appel aux Intellectuels* de 1948, l'allocution sur *L'Avenir de la Culture*, en 1952), *Les Voix du Silence* enfin, manifestent un nouvel état de la pensée et de l'œuvre. A l'héroïsme solitaire de l'aventure et à l'héroïsme collectif du révolutionnaire succède un héroïsme humaniste. Et dans la mythologie de Malraux, l'artiste installe sa domination.

La méditation sur l'art domine visiblement la dernière période de l'œuvre. *Saturne*, l'essai sur Goya, la préface au *Musée Imaginaire de la Sculpture mondiale* font corps avec *Les Voix du Silence*, en marge desquelles semblent parfois écrits *Les Noyers de l'Altenburg* ; et l'obsession de l'art est devenue si profonde qu'elle commande les déclarations politiques elles-mêmes. Tout le propos de Malraux est de découvrir une puissance de l'homme capable de fonder en signification sa destinée : nulle figure n'incarne ce pouvoir plus victorieusement que l'artiste. Le geste de l'artiste échappe à l'étroitesse du geste révolutionnaire et répond non pas à l'oppression sociale, mais à la sujétion métaphysique : et il est universel. Plus que tout autre, il échappe à la mort : l'œuvre n'est pas éternelle, mais la continuité de la création artistique, qui la soumet au jeu des reviviscences et des métamorphoses, est comme un mirage de l'éternité. La main de l'artiste, écrit Malraux en conclusion des *Voix du Silence*, « *tremble d'une des formes secrètes, et les plus hautes, de la force et de l'honneur d'être homme* ». Sans doute pense-t-il : la plus haute. L'art est la forme suprême d'une culture qui, « *depuis que l'homme est seul en face du Cosmos, aspire à devenir l'héritage de la noblesse du monde* ». Ainsi, l'exigence humaniste requiert impérieusement que soient assurées à la création artistique les conditions de sa fécondité.

La rupture avec le marxisme est, en grande partie, rupture avec l'esthétique qu'il implique. On voit quelle prise une telle démarche donne à la critique. Peut-on condamner le communisme soviétique parce que sa peinture est mauvaise ? [37] Accepter le capitalisme bourgeois parce que sa peinture est magnifique ? N'est-ce pas sacrifier — comme on l'a dit — l'homme aux statues, les intérêts de l'existence concrète des hommes au passage d'un Esprit transcendant et désincarné ? Mais c'est méconnaître que pour Malraux l'art n'est nullement ce qu'il est

« Dyable de la critique d'art »
dessin d'André Malraux

38. *J'avais dit déjà aux écrivains russes au Congrès de Moscou : « Si les écrivains sont les « ingénieurs des âmes » n'oubliez pas ce que l'invention signifie pour les ingénieurs. » (Sténographie dans* Commune, *n*° 14*).*

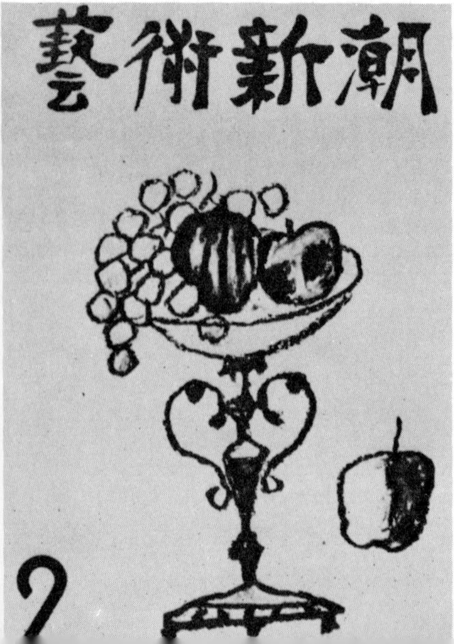

Revue japonaise où commença
la publication de La Psychologie de l'Art

pour l'esthète (pour Ruskin, par exemple). Il n'est pas un raffinement qui console de l'homme, mais un geste qui le rachète. La puissance de l'artiste porte en elle le meilleur de la noblesse de l'homme. D'où la profonde, l'extraordinaire passion dont elle est ici l'objet.

Les Voix du Silence ne sont pas la conséquence de la rupture avec le marxisme : en grande partie, ce livre a été pour Malraux l'instrument de sa libération. L'activité artistique est une création imprévisible de formes que se transmettent des individus privilégiés, et qu'ils métamorphosent. Le génie créateur n'est pas déterminé par la réalité collective ; il n'est ni l'expression ni la conséquence de la société qu'il illustre. Déjà en 1936, dans sa conférence sur *L'Héritage culturel*, Malraux prévenait un auditoire partiellement rallié au conditionnement marxiste : « *L'art obéit à sa logique particulière, d'autant plus imprévisible que la découvrir est très précisément la fonction du génie.* » [38] De la masse viennent des sentiments, non des valeurs de style : et un État qui tente d'imposer à l'art les sentiments de la masse comme valeurs de style supprime la création au profit de la production, — suscite ce que Malraux appelle un « *art d'assouvissement* » (l'art des peintures soviétiques ou des réclames américaines). Les valeurs vont de l'homme à la société. Et s'il nous paraît qu'un style exprime une société, c'est que nous voyons la société à travers lui. Le monde chrétien n'est pas le peuple qui priait dans les nefs, mais celui des statues gothiques. Les statues égyptiennes sont plus égyptiennes que l'Égypte. Malraux n'oublie nullement (comment le pourrait-il ?) que l'art est lié à la société (et au monde), mais le problème est de savoir comment il lui est lié. L'art exprime bien moins la société qu'il ne lui donne la figure que, confusément, elle appelle. Et ne vient pas de la société elle-même, mais d'hommes prédestinés en qui semble vivre et agir un Esprit transcendant. L'art moderne n'exprime pas la société bourgeoise, qui n'est rien d'autre que le lieu de sa naissance : s'il l'exprimait, il serait ce qu'est l'art soviétique à la réalité soviétique, — un art « *apprivoisé* » et dégradé. L'art vient toujours d'une liberté intérieure, sinon d'une révolte : « *Cézanne est l'expression du capitalisme et de la bourgeoisie comme Prométhée est l'expression du vautour... En langage marxiste, on devrait dire que Cézanne est l'expression du capitalisme comme Lénine.*

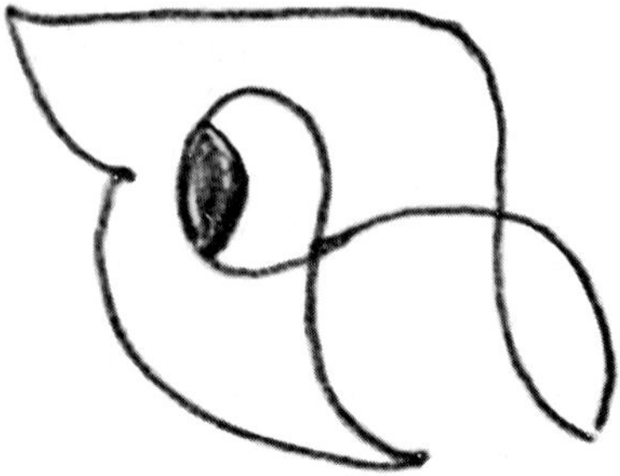

« *L'étonnement* »

39. *Vous avez raison. Mais cette vérité établie est contredite par un sentiment non moins établi. Combien de lecteurs, idéologiquement d'accord, poursuivent la conversation (ou leur réflexion) comme s'il n'en était rien!*

« *Dyable du poulet à la broche* »
dessins d'André Malraux

Comme Lénine, grâce au prolétariat russe, tirait du capitalisme écrasé la figure d'un nouveau monde, Cézanne tirait de l'écrasement de l'académisme non seulement l'art moderne, mais encore la résurrection des formes de cinq millénaires... » Et encore : « *Ne disons pas au nom de Spartacus que Prométhée est l'expression d'une superstructure... Là où Prométhée n'est que Littérature, Spartacus est vaincu d'avance.* »

Si l'art ne procède pas de la société, il procède de ses formes antérieures : il est à la fois autonomie créatrice et héritage. Or, le lien hétérogène qu'établit le marxisme entre l'art et son conditionnement social, coupe l'art du lien spécifique qui l'unit à son passé.

C'est avec un acharnement singulier que Malraux affirme et réaffirme ce qui, pour plus d'un lecteur, est, avant de le lire, vérité établie[39] : que l'art n'est pas imitation de la nature, ni expression d'un présent social coupé de son passé. Et il s'agit ici de bien autre chose que de la griserie d'un écrivain heureux de voir s'allumer les unes aux autres d'éclatantes formules. En réalité, Malraux a besoin de rassembler autour de l'artiste vivant — et de lui-même — « *toutes les ombres illustres* » : une exaltation profonde naît pour lui d'une telle vision. Dégager l'art de la nature, de l'inconscient individuel, du moment, ne lui importerait pas tant, si ce n'était le lier à l'Histoire, — à la création commune et ininterrompue de l'homme. « *Aux temps où toutes les œuvres antérieures sont récusées, le génie cesse pour des années : on marche mal sur le vide.* » C'est-à-dire : seul, l'homme se défend mal contre le destin. « *Il est facile de mourir quand on ne meurt pas seul* »... Il est facile de croire en l'homme quand l'homme même se révèle, et non l'individu, — la continuité humaine, et non l'un de ses moments isolés.

Cette valeur donnée à l'héritage culturel, cette prise en charge du passé peut apparaître comme une évolution. Et, en un sens, il est vrai qu'elle en est une. Dans la Révolution, Malraux a aimé « *un temps de troubles* », « *les vacances de la vie* », une sorte de commencement absolu rejetant au néant tout le passé ; un monde accepté seulement en espoir. L'exaltation de l'héritage culturel de l'Europe et, dans *Les Noyers de l'Altenburg*, le thème de la paternité et de la filiation ouvrent une autre perspective. Après avoir figuré le Destin, le passé figure la Liberté. Mais

40. *Il ne s'agit pas pour moi d'un passé comme tel, mais de la part du passé rendue présente (et parfois exemplaire ou significative) par la métamorphose, inséparable du présent.*

Antique tirée de la mer
(Musée du Bardo, Tunis : photo écartée des Voix du Silence.)

il s'agit toujours de la même recherche : susciter l'homme de la liberté contre l'homme du destin. Et la valeur donnée au passé n'est pas le signe d'un ralliement à on ne sait quel conservatisme[40] : le passé est le moyen de la création, la promesse de l'avenir, et non pas le refuge frileux auprès de la Terre et des Morts. L'exaltation de l'héritage ne récuse pas, elle affirme « *la possibilité infinie du destin* ». C'est d'une liberté que le présent hérite : ce qui a été fait est le moyen de ce qui se fera.

Agrandissement d'un fragment d'Eau-forte de Goya

« *Goya est de façon permanente à l'affût des formes ; mais il ne leur est pas soumis. Son choix est appelé, et par l'âme. Ce qu'il voit ne fait que préciser les confuses formes accusatrices qu'il porte en lui.* » (Extrait de *Saturne*, Gallimard).

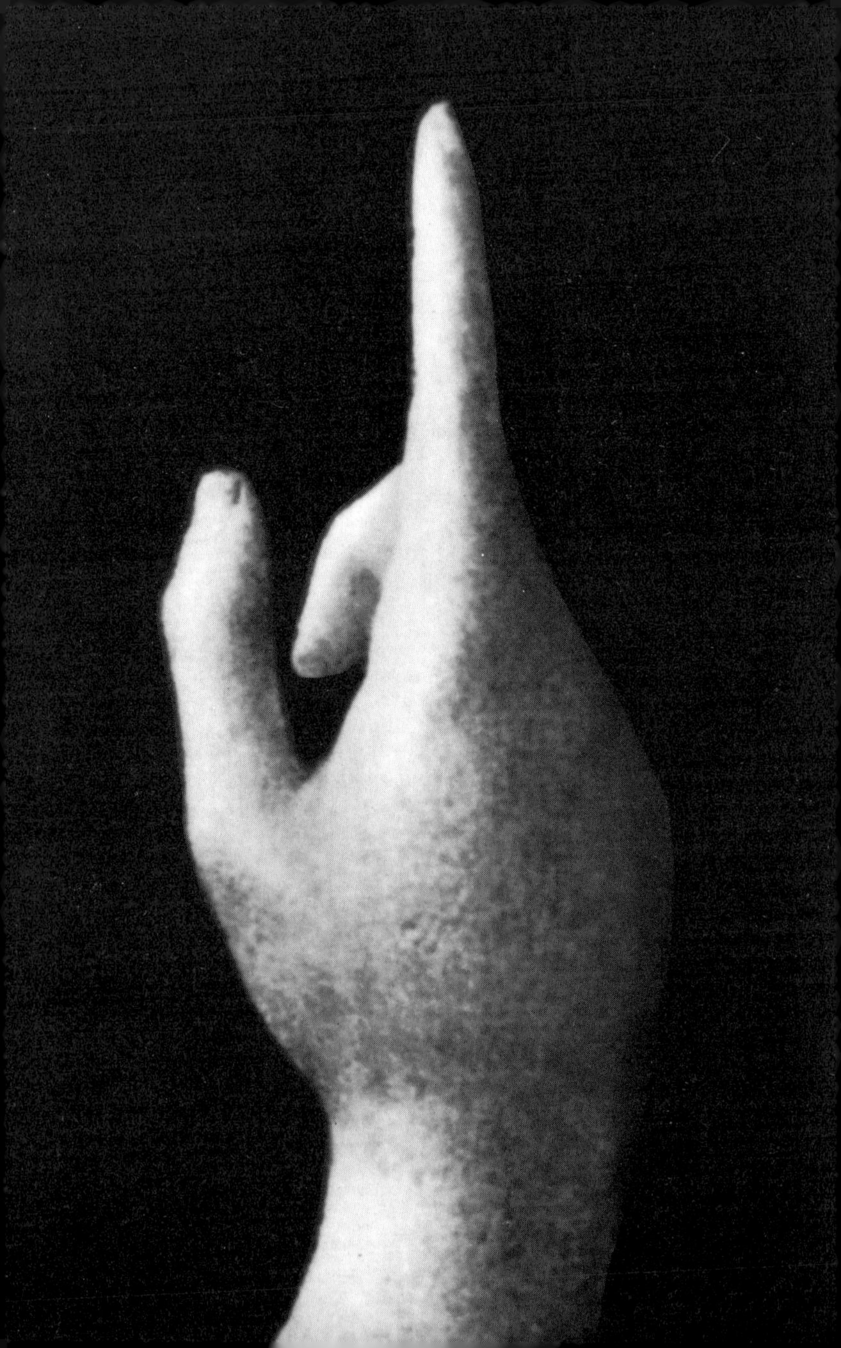

SOUS LES ANALYSES de la psychologie de l'art, sous les affirmations politiques et historiques comme sous les images de l'œuvre romanesque, Malraux ne cesse de suivre le jeu de ses passions. Contre le monstre intérieur, et les démons qui le hantent, contre la hantise du néant, il a trouvé enfin le plus fort des recours : le sentiment d'un génie créateur séculaire qui va de la découverte du feu à cette « *acceptation de l'inconnu* » qui fut le défi de l'Europe à travers les siècles de sa grande culture, et le demeure encore, — et le sentiment d'un génie créateur universel, puisque les valeurs dont nous héritons ne sont pas celles d'une nation ou d'une race particulière, mais vraiment celles de la terre tout entière, qui préparent « *le premier humanisme universel* ». Lié à l'universalité humaine, Malraux dépasse l'étroitesse du lien qui l'unissait à une seule communauté : prolétariat de Chine, d'Espagne ou de France. Lié à la continuité de l'histoire, il s'affranchit de la hantise spenglérienne de l'incommunicabilité des cultures et de leur séparation.

Car ce pouvoir de l'homme, que l'art révèle, dépasse l'histoire, bien qu'il s'incarne toujours en l'un de ses moments. Malraux a d'abord cherché dans un moment de l'histoire ce qui dépasse l'individu vers l'homme. Le moment historique pris pour absolu : alors, les voix de Marx et de Spengler s'accordaient. « *En profondeur*, disait Claude Vannec, *toute civilisation est impénétrable pour les autres.* » Le premier projet de *La Psychologie de l'Art* prévoyait la mise en évidence de l'irréductibilité des styles, en opposition à l'illusion classique d'une évolution unilinéaire. Mais Malraux a rencontré sur son chemin cette évidence capitale : nous ne savons pas quel langage parlait la statue égyptienne pour celui qui la sculptait, mais

« Le gardien des porcelets »
Dessin d'André Malraux

41. *Bien entendu, la question décisive est : un humanisme universel (et non un syncrétisme) est-il concevable ? Mais l'œuvre d'art est un* objet*, sur lequel l'action de la métamorphose peut être saisie ; d'où la nécessité d'une prudence extrême, dès que l'objet disparaît.*

Fragment de la couverture d'un hommage des écrivains japonais.

elle nous parle. Le passé tout entier de l'art bruit des voix que nous y éveillons. De chaque grande culture et de chaque grand style se détache une part transmissible qui, métamorphosée, conquise, et non reçue, survit dans l'avenir qu'elle accouche. Dans *Les Noyers de l'Altenburg*, le dernier mot n'appartient pas à Möllberg affirmant la séparation des cultures et niant l'existence d'une donnée humaine permanente, mais plutôt à Vincent Berger affirmant l'homme fondamental, ou au comte Rabaud assurant que « *quelque chose d'éternel demeure en l'homme, en l'homme qui pense... quelque chose que j'appellerai sa part divine ; c'est son aptitude à mettre l'homme en question* ». Chaque grande culture, précise la conférence à l'UNESCO, close sur sa structure particulière, nous atteint par sa valeur suprême et le type humain qu'elle a suscité. « *Le vrai problème n'est pas celui de la transmission des cultures dans leur spécificité, mais de savoir comment la qualité d'humanisme que portait chaque culture est arrivée jusqu'à nous, et ce qu'elle est devenue pour nous.* » Les églises disparaissent, et les théologies deviennent lettre morte. Mais le Saint survit à l'église. Comme le Héros à l'armée[41]. Comme le chef-d'œuvre au style de son temps.

Et comme l'Homme survit à l'Histoire. L'homme est plus ancien que l'histoire, et ne meurt pas tout entier avec son moment. Ainsi, l'histoire qui est apparue à Malraux comme l'instrument et le lieu de la liberté de l'homme, l'anti-destin, — et qui lui apparaît encore comme telle, puisque *Les Voix du Silence* affirment « *qu'elle tente de transformer le destin en conscience* », — apparaît à son tour comme destin devant une liberté plus ancienne et plus durable. « *Le nouvel adversaire d'Hercule, la dernière incarnation du destin, c'est l'histoire...* » Malraux s'acharne à montrer que l'art n'est pas déterminé par son instant historique (« *Le* Brutus *n'est pas une tête florentine, il y a un Rembrandt baroque, mais* les Trois Croix, *les* Pèlerins d'Emmaüs *ne sont ni du XVII*e *siècle, ni hollandais...* »), et qu'il ne disparaît pas avec lui.

Il y a en l'homme un pouvoir de durer qui transcende l'histoire. L'art apporte non certes l'éternité, mais ce qui semble le plus proche d'elle : « *Il n'y a pas de mort invulnérable devant un dialogue qui n'a pas commencé.* » Mais l'art apporte surtout une plus haute puissance de vaincre le destin. Comme la vie et comme le monde, l'histoire est confuse et impure, chargée sans doute de volontés humaines, mais aussi d'échecs et de fatalités. Décantation du destin, l'histoire apparaît lourde de destin elle-même, devant la suprême décantation de l'art. L'allègement le plus décisif, la rectification souveraine du monde, est le privilège de l'art. L'art n'est pas l'expression, mais « *le chant de l'histoire* ». L'art est Musique, le temps est Sang et Mort. « *Dans le passé de l'Art, Sumer, Thèbes, Ninive, Palenqué ne sont plus que les hymnes de leur nuit : l'histoire sordide de Byzance, que la majesté du Pantocrator ; la saleté des steppes, des plaques d'or ; les pestes du Moyen-Age, la Piétà.* »

Cette victoire de l'art sur l'histoire inspire aux *Voix du Silence* quelques-uns de leurs plus hauts accents. C'est que Malraux lui doit le dénouement de sa passion la plus impérieuse : il lui semble que soudain le destin a cédé ; que le monde a perdu son poids. Et, positivement, ce dépassement de l'histoire exprime le progrès d'une pensée qui a découvert l'existence de « valeurs de transcendance ». Mais, négativement, sans doute exprime-t-il la retombée de l'espoir passé, une certaine désillusion : la douleur de l'action historique. Préfaçant un livre récent, qui est un épisode de la Résistance européenne, Malraux le loue, non point, comme il l'eût fait jadis, de son engagement historique, mais d'avoir su retrouver « *le timbre grave des poèmes primitifs* ». Et ce timbre est retrouvé, ajoute-t-il, « *chaque fois que nous voyons passer l'éternelle dérive de la conscience des hommes au-dessus de l'histoire menaçante comme le Prince André voyait passer les nuages au-dessus d'une petite silhouette illustre sur le champ nocturne d'Austerlitz* ». « *L'histoire menaçante* »... Après avoir, longtemps avant les manifestes que l'on sait, ouvert la voie à une littérature d'engagement, Malraux, remontant le cours de sa participation à l'histoire, va-t-il écrire les livres du dégagement ?

Et les livres de l'apaisement intérieur, après ceux du déchirement historique ? A lire *Les Noyers de l'Altenburg*, on peut le croire. Bien que Vincent Berger retrouve des phrases de Garine et de Perken (« *laisser une cicatrice sur une carte* », « *se lier à une grande action quelconque* »), il ne vit pas son action comme les aventuriers de naguère vivaient la leur. Il échoue, mais peu lui importe. Une angoisse s'est dissipée. Même avortée, son action le relie à un ordre de la grandeur et de la fécondité humaine dont la conscience l'emplit d'un apaisement exalté. La pensée de l'homme a cessé d'être une amertume. Pour Walter, l'œuvre d'art est le plus puissant exorcisme. Pour Berger, la noblesse de l'homme se révèle bien plus encore dans le sentiment mystérieux qui a fait dire à son père Dietrich à la veille de son suicide : « *Si je devais choisir une autre vie, je choisirais la mienne.* » Partout, et sous plus d'un visage, s'affirme l'accord de l'homme à son destin. L'accent des *Voix du Silence* est celui d'un enthousiasme qui a refoulé l'exaltation crispée des premiers livres, toujours prête à basculer dans l'angoisse de la mort. La conscience continue « *de la force et de l'honneur d'être homme* » offusque l'absurdité fondamentale. Les dernières pages de l'*Altenburg* s'ouvrent à une révélation de la vie pour la première fois lavée de toute ténèbre. Une révélation où se confondent la vision émerveillée du Cosmos et celle d'un homme qui lui serait accordé. Est-ce donc « le ciel infini » qui, comme dans le roman de Tolstoï, arrache l'homme à la menace de l'histoire ? Pour la première fois, l'apparition du Cosmos, au débouché de l'action humaine, signifie autre chose que le rappel du néant ou une sérénité de lassitude : une exaltation, une fécondité mystérieuse dont les noyers qui encadrent les champs et, au loin, la cathédrale de Strasbourg, et que retrouvera Vincent Berger dans la forêt que les gaz ont pourrie, sont le symbole. Mais le monde, dès que l'homme apparaît, n'est plus que « *décor frémissant* ». La révélation rédemptrice des dernières pages est moins celle du monde que celle de la vie. Celle de l'homme, et pas seulement de son génie : l'opiniâtre, l'inusable patience, le courage des plus humbles semble couvrir un étrange secret. Les héros ont pris la place du Christ : le monde de Malraux a ses rédempteurs. Mais son humanisme, comme l'humanisme chrétien, se veut au bénéfice de l'homme. Le pouvoir dont l'artiste demeure l'incarnation suprême « *n'oppose pas... mais relie par un chemin effacé la part informe de mes compagnons aux chants qui tiennent devant l'éternité du ciel nocturne, à la noblesse que les hommes ignorent en eux, — à la part victorieuse du seul animal qui sache qu'il doit mourir* ».

Madeleine et André Malraux, 1947. (Photo Life)

SCÈNES, personnages, idées, figures dramatiques : leur voix est celle des passions d'une vie. Et sans doute l'œuvre nous révèle moins ce qu'est son auteur que ce qu'il dissimule et ce qu'il conquiert : ce qu'il veut être. De l'angoisse à l'exaltation en passant par le courage, il s'agit toujours pour Malraux d'échapper à lui-même, d'échanger une subjectivité contre quelque chose d'extérieur et d'objectif. Passion de l'histoire, de l'événement, de l'acte, des idées, des problèmes, des styles artistiques, des grandes cultures : autant de formes d'une même passion de l'impersonnel. Ce solitaire d'instinct et de fatalité a besoin d'être entouré et soutenu, aime tout ce qui le relie aux autres : parler, paraître, agir, penser ; se défie de ce qui le clôt en lui-même : sentir. S'il n'est qu'à demi un écrivain, si on ne l'imagine pas sans regret ni malaise devant sa table de travail, c'est sans doute qu'écrire est une forme de la solitude. On ne saurait trop prendre garde à la préférence passionnée qu'il voue aux arts plastiques : peut-être est-ce, entre autres choses, parce que les toiles et les statues sont au point de rencontre des regards, et les livres au point où se séparent les rêveries ? L'impatience de l'événement, le dégoût des périodes étales, l'appel aux grandes circonstances, cette tendance à soumettre toute chose à un éclairage qui l'amplifie ou à un rythme qui l'accélère : encore un recours contre soi-même, un besoin d'être distrait de soi. Plutôt qu'une vocation de l'instinct, plutôt que l'expression d'une personnalité indivisible et irrésistible, l'héroïsme est, ici, réponse, volonté. Combien insistant, acharné, le thème de la conquête, qui martèle de son accent hautain chaque région de l'œuvre, nous invite à voir sous son signe l'homme qui le manie. Fuite ? Mais l'on ne peut guère appeler fuite ce qui est plus difficile que l'acceptation, ce qui permet la rencontre de plus hautes valeurs.

A l'initiale angoisse, l'exaltation humaniste des dernières œuvres est-elle une réponse décisive ? Malraux a-t-il rencontré son attitude ultime, et lui reste-t-il seulement à chercher les mythes qui l'incarneront ? Ou, au contraire, l'avenir de sa création romanesque dépend-il d'une remise en question de cette attitude ? Comme celui des dernières pages de l'*Altenburg*, l'accent des *Voix du Silence* est l'enthousiasme. Mais les pages de l'*Altenburg* sont un bref finale, et le monde des *Voix du Silence* n'est pas l'univers humain de l'œuvre romanesque. Celle-ci ne peut guère déposer ce poids du monde dont la délivrance nourrit continûment le chant du grand livre sur l'art. L'œuvre romanesque ne peut pas être un hymne en l'honneur de la victoire de l'homme : il lui faut demeurer mise en scène de son combat. Les accents les plus profonds et les plus poignants du romancier viennent du conflit et de l'angoisse. A les éluder, sans doute perdrait-il ce « frémissement » dont Gœthe reconnaît (après l'avoir lui-même éludé) qu'il est le meilleur de l'homme. C'est pour être affronté à l'ange que Jacob est debout.

A l'action, *Les Voix du Silence* substituent la création. Au conflit des volontés et des actes, *Les Noyers de l'Altenburg* substituent l'opposition des perspectives sur l'acte. Malraux se prépare-t-il à passer définitivement de l'action au *spectacle*, de la volonté à la représentation ? En même temps que du tragique à la sérénité ? Car si l'action a été un refuge contre l'angoisse subjective, la conscience de la puissance commune de l'homme apparaît comme une délivrance de l'action. Collée à la chair et au sang, au destin, l'action est déchirement, révélation des incompatibles. L'action ne peut étreindre et marquer qu'une étroite parcelle de réalité, où ne se rejoignent pas les exigences fondamentales de l'homme. *Agir* ne permet pas d'*être* avec plénitude. Le moment que Malraux choisit pour écrire son livre sur l'art, si longtemps médité, est aussi le moment où il cherche à dépasser l'action qui élève à l'absolu un moment de l'histoire, où l'action ne peut plus nourrir l'œuvre romanesque de ses inapaisables conflits.

Autre numéro de la revue japonaise où fut publiée La Psychologie de l'Art.

藝術新潮

7

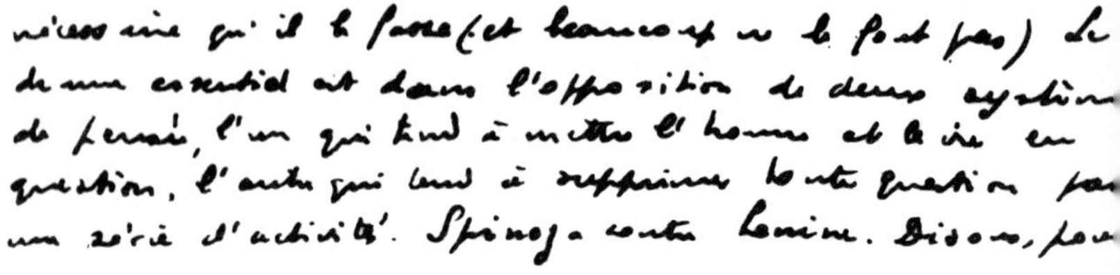
nécessaire qu'il le fasse (et beaucoup ne le font pas) le
drame essentiel est dans l'opposition de deux systèm
de pensée, l'un qui tend à mettre l'homme et la vie en
question, l'autre qui tend à supprimer toute question pa
une série d'activités. Spinoza contre Lénine. Disons, pou

42. *En effet. Mais peut-être apporte-t-elle lorsqu'elle est achevée (pas seulement à moi), la monnaie de ce sentiment...*

« Renard foudroyé »
dessin d'André Malraux

Dans une lettre dont j'ai déjà cité un passage, André Malraux m'écrivait jadis : « *Le drame essentiel est dans le conflit de deux systèmes de pensée ; l'un mettant la vie et l'homme en question, l'autre supprimant toute question par une série d'activités. Spinoza contre Lénine.* » Mais, pour lui, l'action fut toujours accusation et conscience. S'il tente de se dégager d'elle aujourd'hui, ce n'est pas en raison de l'inconscience qu'elle apporte, mais de son déchirement et de son impureté, en raison de son poids de destin... Dans l'art, comme il le dit, le monde perd son poids. La pensée, elle aussi, fait perdre son poids au monde. Devenu objet de l'art ou de la conscience, le monde suggère une impression de délivrance, dont s'exalte Malraux. Mais l'œuvre romanesque peut-elle attendre du spectacle de cette délivrance ce qu'elle a tiré, hier, du tragique ? Son œuvre a délivré Malraux de lui-même. Peut-être, pour poursuivre son œuvre, doit-il reprendre contact avec ses fatalités.

Il semble que Malraux ait toujours été à la recherche d'une plénitude d'être qu'il ne veut recevoir que de l'action, mais que l'action ne peut lui apporter [42]. Une réconciliation, une adhésion de soi à soi, une jonction de toutes les forces antagonistes, dans l'intensité d'un geste ou d'un instant *vécus*. A la fois homme du sensible (de l'acte, du moment, de l'histoire) et homme de la plénitude intérieure (de l'absolu), il ne peut que poursuivre en vain cet accord inaccessible dont il est avide autant qu'il en est séparé. Comme Lawrence, il est de ceux qui cherchent dans l'action ce que l'action ne peut donner. Dans l'acte, il ne peut pas plus oublier la plénitude perdue que, dans la conscience, la vie éludée. Il ne peut être ni Spinoza ni Lénine. Cependant, un geste existe (et Lawrence le savait aussi, qui écrivait que l'artiste est ce qu'il y a de plus noble au monde) qui semble la réconciliation de l'intégrité intérieure et de l'efficacité sensible. Mais l'art qui incarne cette réconciliation est aux yeux de Malraux celui du sculpteur et du peintre, plus que celui de l'écrivain.

43. *Oui. Et même que Shakespeare. Peut-être pas que certaines pages d'Eschyle et de Sophocle.*

44. *Je ne crois pas.*

45. *Peut-être. Mais vous venez de me faire relire la scène de Perken et des Moïs, celle du cyanure, celle de la descente de la montagne dans* L'Espoir *et la dernière des* Noyers de l'Altenburg *(les chars), et j'ai été frappé de leur continuité.*

Votre définition me semble d'ailleurs s'appliquer moins aux romanciers qu'aux peintres et aux musiciens. Combien de chefs-d'œuvre du roman sont l'œuvre d'auteurs pour qui le roman ne fut qu'un entr'acte ?

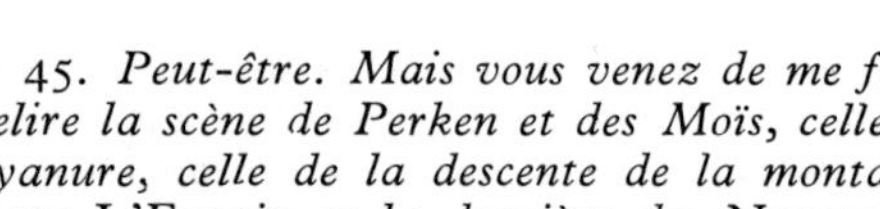

Ultime séparation avec lui-même... Le grand aveu des *Voix du Silence*, c'est que l'auteur eût souhaité manier des couleurs et des formes, non écrire des phrases ; et il est évident que Michel-Ange lui est plus cher et plus présent que Balzac [43], Goya que Baudelaire [44], Van Gogh que Rimbaud. (Et lui qui nous enseigne que tout artiste vient d'un maître, de quels écrivains vient-il donc ?) C'est qu'à ses yeux, sans doute, contrairement à celui de l'écrivain, qui est conscience, le geste du peintre est *action* — libérée du destin commun de l'action — « événement sensible ». Aussi bien son œuvre romanesque a-t-elle peu de chances de lui apparaître jamais comme une solution spécifique, propre à mettre un terme aux débats de la vie. En dehors de la vie, et triomphant d'elle, elle n'est nullement pour son créateur ce qu'est à ses yeux le monde des grands artistes qu'il célèbre : celui d'une création autonome qui attend son avenir de sa puissance interne de développement [45]. Mais, comme l'œuvre n'est pas davantage une expression nécessaire, si la vie trouvait en elle l'absolu qu'elle cherche, sans doute perdrait-elle sa raison. Sillage laissé par une inquiète poursuite (et non point mouvement naissant et renaissant de lui-même), l'œuvre a peut-être sa chance dans ce qui est l'échec de la vie, dans le fait que la vie ne trouve pas ce qu'elle voudrait recevoir de son ordre même, et éprouve alors le besoin d'un prolongement ; peut-être est-elle menacée par tout ce qui tend à fixer et à alléger l'existence, et nourrie au contraire, et avec quel éclat, par la tension de cette existence, et sans doute par la force qui lui permet de se dominer, mais combien plus encore par celle qui la crucifie à elle-même, par son aptitude à souffrir de soi, par son avidité impatiente, par les interrogations sans réponse qui heurtent en elle leurs échos.

GAËTAN PICON.

Médaille d'André Masson, éditée par la Monnaie.

AXER ce choix de textes sur les passages les plus révélateurs de l'individu eût été, sans doute, trahir l'œuvre et l'homme même. Unis à leur créateur par les liens d'une complicité particulière, le héros des *Conquérants*, le Claude Vannec de *La Voie Royale* et le narrateur de l'*Altenburg* ne sont pas plus représentatifs de l'œuvre que les autres personnages : sans doute le sont-ils moins, puisque l'effort de l'homme, que celui de l'artiste accompagne et exprime, tend justement à vaincre la part de l'individu en lui. « Le roman moderne est, à mes yeux, la forme privilégiée du tragique de l'homme, non une élucidation de l'individu », précise Malraux dans les notes que l'on a pu lire en marge de notre texte. Le style puissamment personnel de cette œuvre est conquis sur des hantises qui relèvent non des particularités de l'individu, mais de la conscience qu'il prend de sa condition d'homme.

Ainsi, les pages les plus révélatrices ne sont pas celles où le ton deviendrait celui de l'aveu ou de la confidence, mais celles qui donnent sa forme la plus haute à un certain ordre d'interrogations et de visions. Du dialogue entre Ferral et Gisors au dernier chapitre des *Voix du Silence*, qui dégage des métamorphoses de l'art la preuve de la victoire humaine, la même interrogation passionnée pose dans toute sa force la question de l'homme devant son destin. Et de la marche de Perken vers les Moïs à la descente des aviateurs blessés en passant par la mort de Kyo, un même faisceau de hantises et de volontés suscite l'imagerie légendaire d'un affrontement fraternel de la Mort.

Toute œuvre d'art authentique soumet les interrogations dont elle se nourrit à une vision qui nous atteint en tant que telle : à un monde imaginaire dont le sens n'est jamais qu'implicite, comme celui des couleurs et des sons. Celle-ci est d'abord autour de nous comme un pays étranger, que nous n'interprétons qu'après coup en le rapprochant du nôtre. Aussi bien Malraux est-il pleinement fondé à souligner la cohérence et la continuité des grandes scènes dramatiques qui la scandent : les Moïs, le cyanure, la descente sur Linarès, l'attaque des chars. Et dans la mesure où ses remarques les plus importantes — celles qui concernent le roman — constituent une réponse à ce qui peut paraître une objection ou une réserve de mon étude, je tiens à préciser ceci. Je n'ai jamais pensé que Malraux ne soit pas parvenu à transmuer les éléments de son œuvre — idées, problèmes, passions et gestes de sa vie — en une création authentique ; et je crois en effet qu'une création est une « déformation cohérente », un monde qui n'équivaut au nôtre qu'en refusant de lui ressembler. Simplement ai-je suggéré que, par sa liaison très particulière avec l'existence de son auteur et par son opposition à tout un ensemble de caractères inséparables du roman traditionnel, cette œuvre était sans doute moins proche de ce qu'il est convenu d'appeler création romanesque que d'un autre type de création littéraire. Créatrice, certes, mais peut-être moins dans l'ordre du roman que dans l'ordre du poème — ou du mémorial — tragique. (Et Malraux convient que Michel-Ange lui est plus nécessaire que Balzac, non qu'Eschyle.) Certes, l'idée de la spécificité du roman est suspecte : peut-être ne l'est-elle pas toujours au même degré. Si le roman est ce que fait de lui le grand romancier, être romancier comporte un choix qui a sa raison ; et les romans que nous connaissons résistent plus ou moins à leur transposition imaginaire sur un autre plan de l'expression. Mieux que telle ou telle autre œuvre romanesque, je crois que celle de Malraux pourrait s'exprimer en dehors de la voie qu'elle a choisie : ce qui est un jugement porté sur sa nature, nullement — faut-il le dire ? — un jugement porté sur sa valeur.

G. P.

La note précédente, destinée à justifier le choix des textes, répondait à certaines réactions de Malraux doutant — non sans raison — de mon droit à mesurer son œuvre aux critères d'une spécificité romanesque en effet discutable. C'était en 1953.

Vingt ans après, je relis la note — et mon livre. Je m'y vois partagé entre deux sentiments contradictoires. Niant que Malraux fût un romancier véritable (au sens où l'est, par exemple, Faulkner), c'est-à-dire un écrivain ne pouvant écrire que sous cette forme, j'estimais que c'était là supériorité plus que défaut. En même temps, je me consolais mal de penser que l'œuvre romanesque avait peu de chance de se poursuivre...

La Métamorphose des dieux ne fait que prolonger *Les Voix du silence*. Mais les *Antimémoires* introduisent une dimension nouvelle. Sans relever du roman, ils appartiennent à la création littéraire au sens fort, laquelle ne requiert nullement l'invention : seulement un engagement total de soi-même dans l'œuvre. Poème, *Les Voix du silence* sont aussi un essai : à la limite, l'auteur n'y peut dire que ce que son sujet lui permet de dire. Les *Antimémoires* mobilisent celui qui les écrit sans restriction aucune, leur sujet étant justement la totalité d'une expérience vécue. Est-ce donc là « l'expression suprême » dont je suggérais, au début de mon essai de 1953, qu'elle pouvait manquer encore à cette « œuvre en suspens »?

Comme pour atténuer la rupture, Malraux, après la publication des *Antimémoires*, a qualifié *La Condition humaine* de « reportage ». Un tel jugement ne s'applique ni à ce livre — le plus proche du prototype romanesque traditionnel —, ni même aux *Conquérants* ou à *L'Espoir*. Malraux, qui gage l'œuvre sur l'expérience vécue doit ses plus forts accents à une dimension autre, et c'est pourquoi, peut-être, il y a moins de contradiction que je ne le pensais entre son œuvre et sa théorie de la création artistique, où la vie est mise hors jeu par l'idée de l'autogénération.

Quelle est cette dimension? On la voit se dessiner, mais en creux, dans les *Antimémoires* qui conservent les mêmes structures de vision et de style (éléments de cette « déformation cohérente » par laquelle il définit très justement la création) et où, cependant, quelque chose fait défaut.

Ce qui fait défaut, ce n'est pas l'appareil traditionnel du roman : invention des personnages, de leurs avatars biographiques, etc. D'ailleurs, les œuvres précédentes sont moins des romans que des épopées *(La Condition humaine, L'Espoir)*, des tragédies (*La Voie royale* et ce *Temps du mépris* pour lequel je ne partage nullement le mépris de l'auteur), des alternances, sur ondes plus courtes, de chants épiques et de moments tragiques *(Les Noyers de l'Altenburg)*. Mais quelque chose (qui fait défaut aux *Antimémoires*) soutient la narration : toutes ces œuvres décrivent une courbe, ont une forme. Forme qui est celle d'un sens — sens qui est celui d'une finalité de l'histoire.

Ce qui fait défaut, c'est la présence d'un mythe — ce qui s'appelle dans les romans Révolution, dans *Les Voix du silence* histoire de l'art à travers l'héritage et les métamorphoses. Un mythe qui donne à l'événement sa valeur de commencement ou d'approche, d'espoir (sinon, bien entendu, d'achèvement). Or le narrateur des *Antimémoires* se trouve devant une histoire dont le sens s'est égaré. Du moins là où il s'est trouvé agissant et, simplement, vivant. Mao peut être le héros d'une vision mythique de l'histoire : mais pas pour l'auteur des *Antimémoires*, où il n'est qu'un personnage épisodique. Quant au général de Gaulle, qui occupe la scène dans *Les Chênes qu'on abat* et qui est un personnage fondamental, sinon toujours apparent, des *Antimémoires*, il est clair qu'il n'a pas été l'instrument d'une finalité historique mondiale. Ce ne fut pas sa faute : ce n'est pas lui qui a retiré son sens au projet révolutionnaire. Et ce ne fut même pas la faute des révolutionnaires : simplement, en Europe, la fin de l'histoire semble venue : l'ère de l'organisation commence. Et, en même temps, celle d'un désordre, d'une crise dont de Gaulle disait en mai 68 qu'elle était « insaisissable », mot qui demeure vrai pour le narrateur qui pourrait la suivre au jour le jour, non la structurer mythiquement.

Si Malraux n'a pas poursuivi son œuvre romanesque, il faut y voir, bien entendu, outre le signe qu'il peut écrire autrement, la conséquence de la crise du genre en lui-même. Depuis longtemps il pense que l'âge du roman, de *son* roman est passé (« Pourquoi le roman quand il y a le cinéma, la télévision ? », lui ai-je souvent entendu dire). Mais il est également vrai que le tarissement romanesque, dans son cas particulier, est lié à la disparition de son mythe politique, à l'absence d'une finalité universelle qu'il eût servie, à n'importe quel rang.

Qu'il n'ait pas tiré un roman de son expérience de ministre, on le conçoit. Mais pourquoi n'a-t-il pas écrit le roman de la Résistance ? A la question, souvent abordée, sa réponse fut un jour : « Trop tard. *L'Espoir*, c'était déjà tangent ». Entendons : trop tard pour le roman... Ce qui revient à mettre en cause la relation aux formes d'expression alors qu'il s'agit plutôt d'une relation à l'événement. Il n'a pas souhaité que Madrid tienne aussi violemment qu'il a désiré que Paris se libère. Mais le champ dans lequel s'inscrivait la guerre d'Espagne était plus favorable à son inspiration. Et je ne crois pas du tout (comme l'a suggéré Montherlant) que ce fut en raison d'un engagement moindre, d'une plus grande part de jeu. Pour la plupart d'entre nous, il faut bien reconnaître que l'espoir de la libération était à court terme, et même — seuls s'en indignent ceux qui n'ont pas la moindre idée de ce que nous avons connu — qu'il était d'abord celui d'une restauration.

Œuvre éclatée, « ouverte », les *Antimémoires* sont, pour cela même, le livre le plus « moderne » de Malraux. Mais cette absence de sens, de forme, a-t-elle ici la fonction positive qu'elle reçoit dans tant d'exemples de la modernité ? C'est surtout à l'absence et à ses conséquences que nous nous heurtons. L'intention du livre (Malraux a voulu être, ici, un anti-Proust) est d'évoquer une vie dont la relation à soi serait autant que possible suspendue. (*Que m'importe ce qui n'importe qu'à moi*, etc.). Mais, dans la défaillance de l'Histoire, ce qui apparaît est moins le monde sans le moi que le moi prenant le monde dans ses feux. Jadis la « déformation » s'appuyait sur le sentiment d'une cohérence objective ; d'être sans contact avec une telle cohérence, la déformation, devenue seule mesure, perd sa mesure. Ce qui donne, parfois, le ton de Stendhal — une lucidité à qui suffit sa lueur, mais, plus souvent, l'éloquence d'un Hugo qui continuerait à chanter sans illusion : un chant se chantant seul. (Alors que, dans *L'Espoir*, où se croisent la lucidité et l'enthousiasme, leur communication fait échapper l'une à l'amertume, l'autre à la redondance).

Reste que les *Antimémoires*, qui situent leur sujet dans ce qui n'est que le moyen de l'œuvre romanesque (le travail de la fiction sur la vérité) et qui offrent, autant que les choses vues, les appareils de la projection, appartiennent plus que tous les autres livres de l'auteur, à la « modernité », c'est-à-dire au moment le plus tardif d'une vie et d'un temps.

G. P.

Juin 1973

Chez les Moïs : un cimetière sedang.

LA VOIE ROYALE.

De nouveaux guerriers venaient de paraître, appuyés sur leurs arbalètes, comme si leurs compagnons se fussent dédoublés : ils avançaient en fourmis, toujours le long de la ligne mystérieuse, vers la gauche. La paroi de la case les masquait : Perken la troua :

presque sous ses yeux, un tombeau surmonté de deux grands fétiches à dents : homme et femme, tenant à pleines mains leur sexe peint en rouge ; au-delà, une case. Les Moïs, sans nul doute, avançaient derrière cette case qu'ils allaient occuper : mais des claies ayant été posées sur ses ouvertures, elle demeurait sans mouvement. La ligne des Moïs disparaissait derrière elle comme dans une trappe : et ce remous qui peu à peu allait s'approcher se dirigeait, dès qu'ils cessaient de le voir, vers cette façade bourdonnante et murée comme un nid de guêpes, au-delà de ces deux sexes de bois où s'encastraient des doigts recroquevillés. Cette façade aussi vivait, sournoise, immobile, chargée de tout ce qu'elle cachait, de ces sous-hommes qui disparaissaient derrière elle, tout à coup transformés en néant menaçant...

« A quoi ça peut-il bien les avancer ? » chuchota Claude. « A se rapprocher ?

— Ils ne seraient pas si nombreux... »

Perken reprit les jumelles ; presque aussitôt il fit de la main un geste dans l'air, comme pour appeler Claude, mais ramena sa main afin que la jumelle ne bougeât pas. Puis il la lui passa :

« Regardez les coins.

— Alors ?

— Plus bas, près du plancher.

— Qu'est-ce qui vous inquiète ? Les machines qui passent ou les espèces de trous ?

— C'est la même chose : les machines sont des arbalètes, les trous sont là pour en passer d'autres.

— Et alors ?

— Il y en a plus de vingt.

— Quand nous tirerons, ce ne sont pas les claies qui protégeront les bonshommes !

— Ils sont couchés : nous perdrons beaucoup de balles. Et d'ailleurs, il fera nuit. Eux nous verront parce que cette case-ci brûlera, mais nous ne verrons presque rien.

— Alors pourquoi tant d'histoires ? Ils n'avaient qu'à rester où ils étaient ?

— Ils veulent nous avoir vivants. »

Claude, fasciné, regardait l'énorme piège, sa masse, ces bois courbes d'arbalètes qui sortaient à sa base comme des mandibules. A peine entendit-il la voix de Xa, qui parlait à Perken : celui-ci reprit les jumelles. A son tour, Claude chercha dans la même direction, au fond de la clairière. Nombre de Moïs s'étaient courbés vers le sol, comme pour repiquer des plantes ; les autres marchaient avec grand soin, pliant les genoux, levant très haut les pieds, comme des chats. Il se retourna vers Perken, interrogatif.

— Ils plantent les lancettes de guerre.

Donc, ils attendaient bien la nuit, et prenaient leurs précautions. Et combien de travaux semblables se préparaient ou se poursuivaient, derrière la case, derrière la ligne fourmillante de ces corps penchés ?

Empêcher les Moïs d'incendier leur case, il n'y fallait pas songer : le feu allumé, ils ne pourraient que se lancer en avant — contre les arbalètes — ou à droite, vers les lancettes de guerre. Au-delà, les pieux de l'enceinte, et au-delà, la forêt... Rien à faire, sinon en tuer le plus possible. Ah ! ces sangsues qui se tordaient si bien, en grésillant, sur les allumettes !

Il n'y avait rien à faire que ce qu'avait conseillé Perken : tenter de fuir à la tombée du jour, quelques instants avant l'incendie. Resterait la forêt... Mais cette fuite même, quelles étaient ses chances contre les lancettes de guerre ?

Claude regardait les charrettes.

Les charrettes, — les pierres.

Recommencer...

Sortir d'ici d'abord, ou être tué. N'être pas pris vivant...

« Que plantent-ils encore ? »

Ils s'agitaient de nouveau au fond de la clairière, lances croisées.

— Ils ne plantent rien : c'est le chef qui revient.

Perken passa les jumelles à Claude, une fois de plus. L'agitation, rapprochée ainsi, restait ordonnée : rien ne distrayait les Moïs de leur but. L'extrême tension de l'atmosphère, l'hostilité de ce qui baignait dans l'air, comme si tous ces gestes tendus vers eux se fussent ramassés en une seule âme, tout convergeait des êtres à l'affût vers ces hommes acculés ; et quelque chose, dans la case même, s'accorda tout à coup à cette âme acharnée : Perken. Il était fixé comme par un instantané, le regard perdu, la bouche ouverte, tous les traits affaissés. Plus rien d'humain dans la case : effondré dans son coin, Xa attendait, plié en bête ; Grabot — qu'il continuât à se taire ! — autour, ces gueules de fauves, cet instinct de sadiques, précis et bestial comme ce crâne de gaur à dents de mort ; et Perken pétrifié. L'épouvante de l'être écrasé de solitude saisit Claude au creux de l'estomac, au défaut des hanches, l'épouvante de l'homme abandonné parmi des fous qui vont bouger. Il n'osa pas parler mais toucha Perken à l'épaule ; celui-ci l'écarta sans le regarder, avança de deux pas et s'arrêta en plein encadrement de l'ouverture — à portée de flèche.

— Attention !

Perken n'entendait plus. Ainsi, cette vie déjà longue allait se terminer ici dans une flaque de sang chaud, ou dans cette lèpre du courage qui avait décomposé Grabot, comme si rien, dans aucun domaine, n'eût pu échapper à la forêt. Il le regarda : le cou sur la poitrine, le visage caché par les cheveux, l'aveugle marchait lentement en rond — comme autour de la meule — une épaule en avant, retourné à son esclavage. Perken était harcelé par son propre visage, tel qu'il serait peut-être demain, les paupières à jamais abaissées sur les yeux... Pourtant on pouvait combattre. Tuer, enfin ! Cette forêt n'était pas qu'un foisonnement implacable, mais des arbres, des buissons derrière lesquels on pouvait tirer — mourir de faim. La folie lancinante de la faim, qu'il connaissait, n'était rien auprès des meules endormies avec leurs harnais d'esclaves dans le village ; dans la forêt, on pouvait se tuer en paix.

Toute pensée précise était anéantie par ces têtes aux aguets : l'irréductible humiliation de l'homme traqué par sa destinée éclatait. La lutte contre la déchéance se déchaînait en lui ainsi qu'une fureur sexuelle, exaspérée par ce Grabot qui continuait à tourner dans la case comme autour du cadavre de son courage. Une idée idiote le secouait : les peines de l'enfer choisies pour l'orgueil — les membres rompus et retournés, la tête retombée sur le dos comme un sac, le pieu du corps à jamais planté en terre, — et le désir forcené que tout cela existât pour qu'un homme, enfin, pût cracher à la face de la torture, en toute conscience et en toute volonté, même en hurlant. Il éprouvait si furieusement l'exaltation de jouer plus que sa mort, elle devenait à tel point sa revanche contre l'univers, sa libération de l'état humain, qu'il se sentit lutter contre une folie fascinante, une sorte d'illumination. « Aucun homme ne tient contre la torture » traversa son esprit, mais sans force, comme une phrase, lié à un cliquètement inexplicable : ses dents qui claquaient. Il sauta sur la claie, hésita encore une seconde, tomba, se redressa, un bras en l'air, tenant son revolver par le canon, comme une rançon.

« Fou ? » Claude, la respiration coupée, le suivait du canon de son arme : Perken marchait vers les Moïs, pas à pas, tout le corps raidi. Le soleil abaissé lançait sur la clairière de longues ombres diagonales, avec un dernier reflet sur la crosse du revolver. Perken ne voyait plus rien. Son pied rencontra un buisson bas ; il fit un geste de la main, comme s'il eût pu l'écarter (il ne suivait pas le sentier), continua d'avancer, tomba sur un genou, se releva, toujours aussi raide, sans avoir lâché le revolver. La piqûre des plantes fut si aiguë qu'il vit, une seconde, ce qui était devant lui : le chef inclinait la main vers la terre, opiniâtrement. Poser le revolver. Il était là-haut dans sa main. Enfin il parvint à plier le bras, prit l'arme de l'autre main, comme pour la détacher. Ce n'était plus de l'hésitation : il ne pouvait plus bouger. Enfin elle s'abaissa d'un coup et s'ouvrit, tous les doigts tendus : le revolver tomba.

Quelques pas encore. Jamais il n'avait marché ainsi, sans plier les genoux. La force qui le soulevait connaissait mal ses os : sans la volonté qui le jetait vers la torture avec cette puissance d'animal fasciné, il eût cru dériver. Chaque pas des jambes raidies retentissait dans ses reins et son cou ; chaque herbe arrachée par ses pieds qu'il ne voyait pas l'accrochait au sol, renforçait la résistance de son corps qui retombait d'une jambe sur l'autre avec une vibration que coupait le pas suivant. A mesure qu'il s'approchait les Moïs inclinaient vers lui leurs lances qui luisaient vaguement dans la lumière mourante ; il pensa soudain que sans doute ils n'aveuglaient pas seulement leurs esclaves, mais les châtraient.

Une fois de plus il se trouva planté dans le sol, vaincu par la chair, par les viscères, par tout ce qui peut se révolter contre l'homme. Ce n'était pas la peur, car il savait qu'il continuerait sa marche de taureau. Le destin pouvait donc faire plus que détruire son courage : Grabot était sans doute un double cadavre. La barbe, pourtant... Il voulut se retourner, absurdement, pour le regarder encore ; il ne vit que le revolver.

L'arme était tout près du sentier, presque au centre d'une plaque d'argile dénudée, comme si elle eût brûlé l'herbe autour d'elle. Capable de tuer sept de ces hommes. Capable de toutes les défenses. Vivante. Il revint vers elle ; les bois courbes des arbalètes brillèrent un instant dans l'air rouge de la clairière.

Donc, il y avait sans doute un monde d'atrocités au-delà de ces yeux arrachés, de cette castration qu'il venait de découvrir... Et la démence, comme la forêt à l'infini derrière cette orée... Mais il n'était pas encore fou : une exaltation tragique le bouleversait, une allégresse farouche. Il continuait à regarder vers la terre : à ses guêtres arrachées, à ses lacets de cuir tordus collait absurdement l'image ancienne d'un chef barbare prisonnier comme lui, plongé vivant dans la tonne aux vipères, et mourant en hurlant son chant de guerre, les poings brandis comme des nœuds rompus... L'épouvante et la résolution s'accrochaient à sa peau. Il lança son pied sur le revolver qui parcourut un mètre en clochant, rebondissant de crosse en canon, comme un crapaud. Il repartit vers les Moïs.

Claude, haletant, le tenait dans le rond des jumelles comme au bout d'une ligne de mire : les Moïs allaient-ils tirer ? Il tenta de les voir, d'un coup de jumelle ; mais sa vue ne s'accommoda pas aussitôt à la différence de distance, et sans attendre il ramena les jumelles sur Perken qui avait repris exactement sa position de marche, le buste en avant : un homme sans bras, un dos incliné de tireur de bateaux sur des jambes raidies. Lorsqu'il s'était retourné, une seconde, Claude avait revu son visage, si vite qu'il n'en avait saisi que la bouche ouverte, mais il devinait la fixité du regard à la raideur du corps, aux épaules, qui s'éloignaient pas à pas avec une force de machine. Le rond des jumelles supprimait tout, sauf cet homme. Le champ de vision dérivait vers la gauche ; d'un coup de poignet il le ramena. Une fois de plus, il perdit Perken : il le cherchait trop loin, dans une des longues traînées du soleil. Perken venait de s'arrêter.

Un instant, la ligne des Moïs vers lesquels il marchait lui était apparue sans épaisseur, nette à hauteur des têtes mais perdue à sa base dans le brouillard qui commençait à monter du sol. Un dernier reflet brillait en tremblant sur ces choses mobiles, comme lié à l'angoisse haletante des hommes contre la paix du soir. Sa main vide maintenant se fermait, molle, aussi légère qu'une main de malade, comme s'il eût encore cherché une arme ; et soudain, son regard rencontrant la cime des arbres où s'étendait longuement la dernière rougeur du soleil, tandis qu'au ras de terre l'immobile agitation continuait, la passion de cette liberté qui allait l'abandonner l'envahit jusqu'au délire. Au bord de l'atroce métamorphose qui l'obsédait, il se raccrochait à lui-même, les mains crispées s'enfonçant dans la chair des cuisses, les yeux trop petits pour l'invasion de toutes les choses visibles, la peau comme un nerf. Jeté sexuellement sur cette liberté à l'agonie, soulevé par une volonté forcenée se possédant elle-même devant cette imminente destruction, il s'enfonçait dans la mort, le même regard fixé sur le rayon horizontal qui là-haut s'allongeait de plus en plus, délivré de ces ombres sinistres et vaines dont l'affût se perdait dans l'obscurité qui montait de la terre. La lueur rouge du soleil s'allongea d'un coup, comme une ombre ; le jour décomposé qui précède de quelques instants la nuit des Tropiques s'effondra sur la clairière : les formes des Moïs se brouillèrent, sauf la ligne des lances, noires sur ce ciel mort, et dont le reflet rouge était parti. Perken retombait entre les mains des hommes, face à face avec ces formes haineuses, avec l'apparition sauvage de ces lances. Et soudain, tout chavirant à la fois, il entendit sa propre voix qui criait et se sentit saisi. Non : la sensation due à la crainte et non à la peau disparaissait, mais cette douleur de blessures... Enfin il comprit, car l'odeur de l'herbe l'envahissait : il était tombé, un pied arrêté par une fléchette de guerre, sur d'autres fléchettes. D'un poignet déchiré, le sang coulait. Il se releva, sur les mains d'abord : il était sûrement blessé au genou. Les Moïs avaient à peine bougé ; un peu plus près de lui pourtant... Avaient-ils voulu se jeter sur lui, les avait-on arrêtés ? Dans la pénombre, il ne voyait distinctement que le blanc de leurs yeux, mobile, sans cesse ramené vers lui. Un troupeau. Si près... Que l'un sautât, il était à portée de lance. La douleur apparaissait, à la fois aiguë et engourdissante, mais il se sentait délivré de lui-même : il revenait à la surface. Les Moïs tenaient leurs lances des deux mains, en travers de leur poitrine, comme lorsqu'ils s'approchent des fauves. Et il respirait comme une bête. Dans sa poche, il avait toujours le petit browning ; tirer sur le chef, sans l'en sortir ? Et après ? Impossible de s'appuyer sur sa jambe blessée ; reposant sur l'autre, il la laissait pendre, mais le poids du pied la tirait et un élancement aigu envahissait le genou : il montait à intervalles réguliers, d'un mouvement mou et lancinant, lié au battement du sang qui des tempes retentissait dans sa tête. Et un grand mouvement s'était fait autour de lui, dont la conscience l'envahissait comme si elle eût été appelée par la douleur : les Moïs s'étaient rapprochés derrière lui, le séparant de Claude. Ne l'avaient-ils laissé avancer jusqu'ici que pour cela ?

Le Préau

LA CONDITION HUMAINE

Allongé sur le dos, les bras ramenés sur la poitrine, Kyo ferma les yeux : c'était précisément la position des morts. Il s'imagina, allongé, immobile, les yeux fermés, le visage apaisé par la sérénité que dispense la mort pendant un jour à presque tous les cadavres, comme si devait être exprimée la dignité même des plus misérables. Il avait beaucoup vu mourir, et, aidé par son éducation japonaise, il avait toujours pensé qu'il est beau de mourir de *sa* mort, d'une mort qui ressemble à sa vie. Et mourir est passivité, mais se tuer est acte. Dès qu'on viendrait chercher le premier des leurs, il se tuerait en pleine conscience. Il se souvint, — le cœur arrêté — des disques de phonographe. Temps où l'espoir conservait un sens ! Il ne reverrait pas May, et la seule douleur à laquelle il fût vulnérable était sa douleur à elle, comme si sa propre mort eût été une faute. « Le remords de mourir », pensa-t-il avec une ironie crispée. Rien de semblable à l'égard de son père qui lui avait toujours donné l'impression, non de faiblesse, mais de force. Depuis plus d'un an May l'avait délivré de toute solitude, sinon de toute amertume. La lancinante fuite dans la tendresse des corps noués pour la première fois jaillissait, hélas ! dès qu'il pensait à elle, déjà séparé des vivants... « Il faut maintenant qu'elle m'oublie... » Le lui écrire, il ne l'eût que meurtrie et attachée à lui davantage. « Et c'est lui dire d'en aimer un autre. » O prison, lieu où s'arrête le temps, — qui continue ailleurs... Non ! C'était dans ce préau séparé de tous par les mitrailleuses, que la révolution, quel que fût son sort, quel que fût le lieu de sa résurrection, aurait reçu le coup de grâce ; partout où les hommes travaillent dans la peine, dans l'absurdité, dans l'humiliation, on pensait à des condamnés semblables à ceux-là comme les croyants prient ; et, dans la ville, on commençait à aimer ces mourants comme s'ils eussent été déjà des morts... Entre tout ce que cette dernière nuit couvrait de la terre, ce lieu de râles était sans doute le plus lourd d'amour viril. Gémir avec cette foule couchée, rejoindre jusque dans son murmure de plaintes cette souffrance sacrifiée... Et une rumeur inentendue prolongeait jusqu'au fond de la nuit ce chuchotement de la douleur : ainsi qu'Hemmelrich, presque tous ces hommes avaient des enfants. Pourtant, la fatalité acceptée par eux montait avec leur bourdonnement de blessés comme la paix du soir, recouvrait Kyo, ses yeux fermés, ses mains croisées sur son corps abandonné, avec une majesté de chant funèbre. Il aurait combattu pour ce qui, de son temps, aurait été chargé du sens le plus fort et du plus grand espoir ; il mourait parmi ceux avec qui il aurait voulu vivre ; il mourait, comme chacun de ces hommes couchés, pour avoir donné un sens à sa vie. Qu'eût valu une vie pour laquelle il n'eût pas accepté de mourir ? Il est facile de mourir quand on ne meurt pas seul. Mort saturée de ce chevrotement fraternel, assemblée de vaincus où des multitudes reconnaîtraient leurs martyrs, légende sanglante dont se font les légendes dorées ! Comment, déjà regardé par la mort, ne pas entendre ce murmure de sacrifice humain qui lui criait que le cœur viril des hommes est un refuge à morts qui vaut bien l'esprit ?

Il tenait maintenant le cyanure dans sa main. Il s'était souvent demandé s'il mourrait facilement. Il savait que, s'il décidait de se tuer, il se tuerait ; mais, connaissant la sauvage indifférence avec quoi la vie nous démasque à nous-mêmes, il n'avait pas été sans inquiétude sur l'instant où la mort écraserait sa pensée de toute sa pesée sans retour.

Non, mourir pouvait être un acte exalté, la suprême expression d'une vie à quoi cette mort ressemblait tant ; et c'était échapper à ces deux soldats qui s'approchaient en hésitant. Il écrasa le poison entre ses dents comme il eût commandé, entendit encore Katow l'interroger avec angoisse et le toucher, et, au moment où il voulait se raccrocher à lui, suffoquant, il sentit toutes ses forces le dépasser, écartelées au delà de lui-même contre une toute-puissante convulsion.

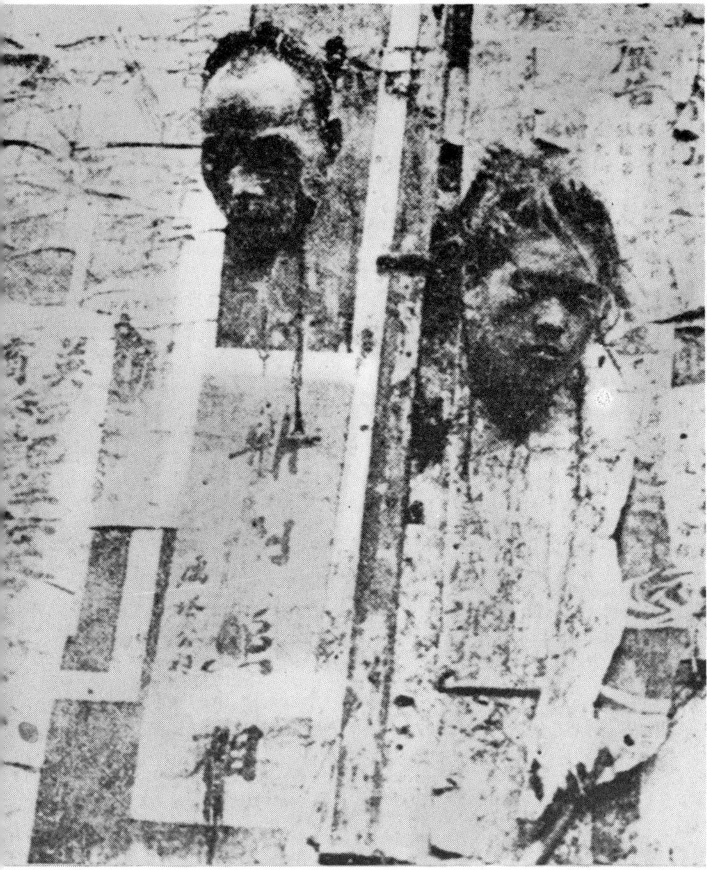

L'ESPOIR.

Magnin marchait à deux cents mètres en avant, sa silhouette noire — casquette d'uniforme et manteau de cuir — nette sur les pans de montagne. Il n'y avait presque pas de boue, et il ne se battait que contre les pierres. Derrière lui, le médecin sur un mulet ; derrière encore, les porteurs, en chandail et béret basque (les costumes locaux, c'était pour les jours de fête, ou pour la vieillesse) ; plus loin, mulets et civières.

Bientôt, il n'y eut plus ni taureaux ni champs : partout la pierre, cette pierre d'Espagne jaune et rouge au soleil que le ciel blanc rendait blafarde, plombée dans ses grandes ombres verticales : elles descendaient en deux ou trois traits brisés, depuis la neige coupée par le plafond du ciel jusqu'au fond de la vallée. Du chemin à flanc de montagne, roulaient sous les pieds des cailloux qui sonnaient de roche en roche, perdus dans ce silence de gorges où semblait enfoui un bruit de torrent qui s'éloignait peu à peu. Après plus d'une heure finit la vallée au creux de laquelle Linares apparaissait encore. Dès qu'un pan de montagne l'en sépara, Magnin cessa d'entendre le bruit de l'eau. Le sentier passait derrière un roc vertical qui, par instants, le surplombait ; là où il changeait définitivement de direction était un pommier, en silhouette japonaise sur le ciel au milieu d'un champ minuscule. Ses pommes n'avaient pas été cueillies ; tombées, elles formaient autour de lui un anneau épais, qui peu à peu retournait à l'herbe. Ce pommier seul était vivant dans la pierre, vivant de la vie indéfiniment renouvelée des plantes, dans l'indifférence géologique.

Plus Magnin montait, et plus la fatigue lui faisait sentir les muscles de ses épaules et de ses cuisses ; peu à peu, l'effort envahit tout son corps, s'imposa à toute pensée : les brancards étaient en train de descendre ces mêmes sentiers impraticables, avec des bras en charpie et des jambes cassées. Son regard allait de ce qu'il voyait du sentier aux crêtes de neige engagées dans le ciel blanc, et chaque nouvel effort enfonçait jusque dans sa poitrine l'idée fraternelle qu'il se faisait du chef.

Les paysans de Linares, qui n'avaient jamais vu un seul de ces blessés, le suivaient sans parler, dans une sévère et tranquille évidence. Il pensait aux autos des villages.

La Sierra de Teruel; au fond, Val de Linares.

Il montait depuis deux heures au moins, lorsque finit le chemin accroché au pan de montagne. Le sentier suivait maintenant à travers la neige une nouvelle gorge, vers la montagne plus haute et beaucoup moins âpre que les avions voyaient à côté de l'autre quand ils partaient pour Teruel. Désormais, les torrents étaient gelés. A l'angle du chemin comme le pommier tout à l'heure, attendait un petit guerrier sarrazin, noir sur le ciel, avec le raccourci des statues à haut piédestal : le cheval était un mulet, et le Sarrazin était Pujol, en serre-tête. Il se retourna et, de profil comme sur les gravures, cria : « V'là Magnin ! » dans le grand silence.

Deux longues jambes raides tendues de chaque côté d'un âne minuscule, des cheveux verticaux sortant comme un blaireau d'un bandage arrivèrent sur le ciel : le second pilote, Langlois. Au moment où Magnin serrait la main de Pujol, il s'aperçut que son manteau de cuir était à tel point craquelé de sang coagulé au-dessous de la ceinture, qu'il ressemblait à la peau de crocodile. Quelle blessure avait pu ensanglanter ainsi le cuir ? Sur la poitrine, les jets se croisaient en filets, si droits qu'on y sentait encore le giclage du sang.

— C'est le cuir de Gardet, dit Pujol.

Magnin, sans étriers, ne pouvait se dresser. Le cou tendu, il cherchait Gardet ; mais les civières étaient encore de l'autre côté du rocher.

Le regard de Magnin restait fixé au cuir. Pujol racontait déjà.

Langlois, blessé légèrement à la tête, avait pu s'écarter sur un pied ; l'autre était foulé. Dans la longue boîte hachée qui avait été la carlingue, Scali et Saïdi étaient couchés. Sous le champignon de la tourelle retournée, Mireaux, les membres dépassant le pilon de la tourelle dont le haut pesait sur son épaule brisée comme dans les gravures de vieux supplices ; parmi les débris, le bombardier, allongé. Tous ceux qui pouvaient crier, obsédés par l'imminence du feu, criaient dans le grand silence de la montagne.

Pujol et Langlois avaient dégagé ceux de la carlingue ; puis Langlois avait commencé à dégager le bombardier, tandis que Pujol tentait de soulever la tourelle qui écrasait Mireaux. Elle bascula enfin, avec un nouveau chahut de fer et de mica qui fit tressaillir les blessés allongés dans la neige, et se perdit.

Gardet avait vu une cabane, et il était parti vers elle, sa mâchoire cassée appuyée sur la crosse de son revolver (il n'osait la soutenir de sa main, et le sang ruisselait). Un paysan qui l'avait vu de loin s'était enfui. Dans la cabane, éloignée de plus d'un kilomètre, était seulement un cheval, qui le regarda, hésita, et se mit à hennir. « Je dois avoir une drôlement sale gueule, pensa Gardet. Quand même, un cheval chaud, ça ne peut être qu'un cheval du front populaire... » La cabane était chaude dans la solitude de la neige, et il avait envie de s'étendre et de dormir. Personne ne venait. Gardet prit une pelle dans un coin, d'une seule main, à la fois pour dégager Saïdi lorsqu'il aurait rejoint l'avion et pour aider sa marche. Il commençait à ne plus voir clair, sauf à ses pieds : ses paupières supérieures gonflaient. Il revint en suivant les gouttes de son sang dans la neige, et les traces de ses pieds, longues et brouillées chaque fois qu'il était tombé.

En marchant, il se souvenait qu'un tiers du « Canard » était fait d'anciennes pièces d'un avion payé par le prolétariat européen et descendu sur la Sierra : la « Commune de Paris ».

Au moment où il atteignait l'avion, un gosse s'approchait de Pujol. « Si nous sommes chez les fascistes, pensait le pilote, nous sommes faits comme des rats. » Où étaient les revolvers ? Et on ne se suicide pas à la mitrailleuse.

— Qu'est-ce que c'est, ici ? demande Pujol. Les Rouges ou Franco ?

Le gosse — l'air malin, hélas ! oreilles écartées, épi sur le sommet du crâne — l'avait regardé sans répondre. Pujol prenait conscience de l'incroyable aspect qu'était sans doute le sien : le chapeau aux plumes rouges était resté sur sa tête, ou il l'y avait remis inconsciemment ; sa barbe n'était rasée que d'un côté, et le sang coulait, coulait sur sa combinaison blanche.

— Qui c'est, dis ?

Il s'était approché du gosse, qui reculait. Menacer n'eût servi de rien. Et plus de chewing-gum.

— Les républicains ou les fascistes ?

On entendait un bruit lointain de torrent, et des cris de corneilles qui se poursuivaient.

— Ici, avait répondu le gosse, regardant l'avion, y a de tout : des républicains et des fascistes.

— Le syndicat ? gueula Gardet.

Pujol comprit.

— Quel est le syndicat, le plus grand ? L'U. G. T. ? La C. N. T. ? Ou les catholiques ?

Gardet arrivait vers Mireaux, à droite du gosse, qui ne le voyait que de dos et regardait, sur son dos, le petit fusil de bois :

— L'U. G. T., dit enfin l'enfant, souriant.

Gardet se retourna : son visage, toujours appuyé sur sa crosse, était sabré d'une oreille à l'autre, le bas du nez pendait, et le sang qui coulait encore, mais qui avait jailli à gros bouillons, se coagulait sur le cuir d'aviateur que Gardet portait par-dessus sa combinaison. Le gosse hurla et s'enfuit obliquement comme un chat.

Gardet aidait Mireaux à ramener sur son corps ses membres écartelés, et à se dresser sur les genoux. Lorsqu'il s'inclinait, son visage brûlait, et il tentait d'aider Mireaux, en gardant la tête droite.

— Nous sommes chez nous ! dit Pujol.

Les paysans parviennent jusqu'à l'avion détruit

— Complètement défiguré, cette fois-ci, dit Gardet. T'as vu comment qu'il s'est débiné, le môme ?

— T'es cinglé !

— Trépané.

— Y a des gars qui s'amènent.

Des paysans, en effet, venaient vers eux, amenés par celui qui s'était enfui lorsqu'il avait vu Gardet. Maintenant, il n'était plus seul et osait revenir. A l'explosion de la bombe, tout le village était sorti, et les plus audacieux approchaient.

— « Frente popular ! » cria Pujol, envoyant le chapeau aux plumes rouges dans le fouillis d'acier.

Les paysans commencèrent à courir. Sans doute avaient-ils supposé que les aviateurs tombés étaient des leurs, car ils arrivaient presque sans armes ; peut-être l'un d'eux, avant la chute, avait-il distingué les bandes rouges des ailes. Gardet vit le miroir du rétroviseur suspendu à sa place dans le fouillis de poutrelles et de fils, devant le siège de Pujol. « Si je me regarde, je me tue. »

Quand les paysans avaient été assez près pour voir le fatras d'acier hérissé de plans et de morceaux d'ailes, les moteurs défoncés, une hélice pliée comme un bras et les corps allongés sur la neige, ils s'étaient arrêtés. Gardet venait vers eux. Les paysans et les femmes en fichus noirs les attendaient, groupés et immobiles, comme ils eussent attendu le malheur. « Attention ! » dit le premier paysan qui vit que la mâchoire cassée de Gardet était appuyée sur le canon d'une mitraillette. Les femmes, reprises par le passé devant le sang, se signaient ; puis, moins vers Gardet et vers Pujol qui approchait à son tour que vers les corps allongés, un des hommes leva le poing ; et tous les poings, l'un après l'autre, se levèrent en silence dans la direction de l'avion écrasé et des corps que les paysans croyaient morts.

— C'est pas tout ça, grogna Gardet. Et, en espagnol : « Aidez-nous. »

Ils étaient revenus vers les blessés. Dès que les paysans eurent compris qu'un seul des allongés était mort, commença une agitation affectueuse et maladroite.

— Minute !

Gardet avait commencé à mettre de l'ordre. Pujol s'agitait mais nul ne lui obéissait : Gardet était le chef, non parce qu'il l'était en effet, mais parce qu'il était blessé à la face. « Si la Mort s'amenait, c'est fou ce qu'on lui obéirait ! » pensait-il. Un paysan pour chercher un médecin. Très loin ; tant pis. Transporter Scali, Mireaux, le bombardier, ça ne s'annonçait pas simple ; mais les montagnards ont l'habitude des jambes cassées. Pujol et Langlois pouvaient marcher. Et lui-même à la rigueur.

Ils avaient commencé à descendre vers le petit village, hommes et femmes tout petits sur la neige. Avant de s'évanouir, Gardet avait regardé une dernière fois le rétroviseur ; il avait été pulvérisé dans la chute : il n'y avait jamais eu de miroir dans les débris.

La première civière débouchait en face de Magnin. Quatre paysans la portaient, chacun un brancard sur l'épaule, suivis aussitôt de quatre camarades. C'était le bombardier.

Il ne semblait pas avoir la jambe cassée, mais des années de tuberculose. La face s'était durement creusée, donnant aux yeux toute leur intensité, et changeant en masque romantique cette tête à petites moustaches de fantassin trapu.

Celle de Mireaux, qui suivait, n'avait pas moins changé, mais autrement : là, la douleur était allée chercher l'enfance.

— On est partis de là-haut dans la neige qui tombait ! dit-il quand Magnin lui serra la main, c'est marrant ! Il sourit et referma les yeux.

Magnin continua d'avancer, les porteurs de Linares derrière lui. La civière suivante était assurément celle de Gardet : un pansement recouvrait le visage presque tout entier. Seule chair de tout le corps, paraissaient les paupières gonflées à éclater, mauve pâle, serrées par l'enflure l'une contre l'autre, entre le serre-tête et le pansement plat qu'il maintenait, et sous lequel le nez semblait avoir disparu. Les deux premiers porteurs, voyant que Magnin voulait parler, déposèrent la civière avant les seconds, et pendant un instant le corps demeura oblique, comme une Présentation du combat.

Aucun geste n'était possible : les deux mains de Gardet étaient sous la couverture. Entre les paupières de gauche, Magnin crut entrevoir une ligne :

— Tu vois ?

— Pas trop. Enfin, je te vois, quoi !

Magnin avait envie de l'étreindre, de le secouer.

— On peut faire quelque chose ?

— Dis à la vieille de me foutre la paix avec son bouillon ! Dis donc, à quand l'hôpital ?

— L'ambulance en bas, dans une heure et demie. L'hôpital ce soir.

La civière se remit en marche, la moitié de Valdelinares derrière elle. Une vieille femme aux cheveux couverts du mouchoir noir, lorsque la civière de Scali dépassa Magnin, s'approcha avec une tasse et donna du bouillon au blessé. Elle portait un panier et dans ce panier une bouteille thermos, et une tasse japonaise, son luxe peut-être. Magnin imagina le bord de la tasse passant sous le pansement relevé de Gardet.

— Il vaut mieux ne pas en donner à celui qui est blessé à la face, lui dit-il.

— C'était la seule poule du village, répondit-elle, gravement.

— Quand même.

— C'est que j'ai mon fils au front, moi aussi...

Magnin laissa passer devant lui civières et paysans, jusqu'aux derniers, qui portaient le cercueil ; il avait été fait plus vite que

Récupération du plan arrière de l'avion

les civières : l'habitude... Sur le couvercle, les paysans avaient attaché une des mitrailleuses tordues de l'avion.

Toutes les cinq minutes, les porteurs se relayaient, mais sans poser les civières. Magnin était ahuri du contraste entre l'aspect d'extrême pauvreté des femmes, et les thermos que plusieurs d'entre elles portaient dans leur panier. L'une s'approcha de lui.

— Quel âge a-t-il ? dit-elle en montrant Mireaux.

— Vingt-sept ans.

Depuis quelques minutes, elle suivait la civière, avec le désir brouillon d'être utile, mais aussi avec une tendresse délicate et précise de gestes, une façon de caler les épaules chaque fois que les porteurs, dans une descente très raide, devaient assurer leurs pieds, où Magnin reconnaissait l'éternelle maternité.

La vallée descendait de plus en plus. D'un côté, les neiges montaient jusqu'au ciel sans couleur et sans heure ; de l'autre de mornes nuages glissaient au-dessus des crêtes.

La fin de la descente de la montagne
(L'Espoir)

Les hommes ne disaient pas un mot. Une femme, de nouveau, vint vers Magnin.

— Qu'est-ce qu'ils sont, les étrangers ?

— Un Belge. Un Italien. Les autres Français.

— C'est la brigade internationale ?

— Non, mais c'est la même chose.

— Celui qui est...

Elle fit vers son visage un geste vague.

— Français, dit Magnin.

— Le mort, il est français, aussi ?

— Non arabe.

— Arabe ? Tiens ! Alors, il est arabe ?...

Elle alla transmettre la nouvelle.

Magnin, presque à la fin du cortège, revint jusqu'à la civière de Scali. C'était le seul qui pût s'accouder : devant lui, le sentier descendait en zigzags presque égaux jusqu'à Langlois, arrêté devant un mince torrent gelé. Pujol était revenu en arrière. De l'autre côté de l'eau, la route tournait à angle droit. Deux cents mètres environ séparaient les civières ; Langlois, extravagant éclaireur aux cheveux en blaireau, était à près d'un kilomètre, fantomatique sur son âne, dans la brume qui commençait à monter. Derrière Scali et Magnin ne venait plus que le cercueil. Les brancards, l'un après l'autre, passaient le torrent : le cortège, de profil, se déployait sur l'immense pan de roc aux ombres verticales.

— Vois-tu, dit Scali, j'ai eu autrefois...

— Regarde ça : quel tableau !

Scali rentra son histoire ; sans doute eût-elle tapé sur les nerfs de Magnin comme la comparaison d'un tableau et de ce qu'ils voyaient, tapait sur les nerfs de Scali.

Sous la première république, un Espagnol, qui faisait la cour à sa sœur, à qui il ne plaisait ni ne déplaisait, l'avait emmenée un jour à sa maison de campagne, vers Murcie. C'était une folie de la fin du XVIIIe, des colonnes crème sur des murs orangés, des décorations de stuc en tulipes, et les buis nains du jardin dessinant des palmes sous les roses grenat. L'un de ses possesseurs y avait fait bâtir jadis un minuscule théâtre d'ombres, trente places ; lorsqu'ils entrèrent, la lanterne magique y était allumée, et des ombres chinoises tremblotaient sur l'écran minuscule. L'Espagnol avait réussi : elle avait couché ce soir-là avec lui. Scali avait été jaloux de ce présent plein de rêves.

Descendant vers le torrent, il pensait aux quatre loges saumon et or qu'il n'avait jamais vues. Une maison à ramages, avec des bustes de plâtre entre les feuilles sombres des orangers... Son brancard passa le torrent, tourna. En face, reparurent les taureaux, Espagne de son adolescence, amour et décor, misère ! L'Espagne, c'était cette mitrailleuse tordue sur un cercueil d'Arabe, et ces oiseaux transis qui criaient dans les gorges.

Les premiers mulets tournaient et disparaissaient de nouveau, reprenant la première direction. De la nouvelle plongée, le chemin descendait directement sur Linares : Magnin reconnut le pommier.

Sur quelle forêt ruisselait une telle averse, de l'autre côté du roc ? Magnin mit son mulet au trot, les dépassa tous, arriva au tournant. Pas d'averse : c'était le bruit des torrents dont le rocher l'avait séparé, ainsi que d'une perspective, et qu'on n'entendait pas de l'autre versant ; il montait de Linares, comme si les ambulances et la vie retrouvée eussent envoyé du fond de la vallée ce bruit allongé de grand vent sur des feuilles. Le soir ne venait pas encore, mais la lumière perdait sa force. Magnin, statue équestre de travers sur son mulet sans selle, regardait le pommier debout au centre de ses pommes mortes. La tête en blaireau sanglant de Langlois passa devant les branches. Dans le silence empli tout à coup de ce bruissement d'eau vivante, cet anneau pourrissant et plein de germes semblait être, au-delà de la vie et de la mort des hommes, le rythme de la vie et de la mort de la terre. Le regard de Magnin errait du tronc aux gorges sans âge. L'une après l'autre, les civières passaient. Comme au-dessus de la tête de Langlois, les branches s'étendaient au-dessus du roulis des brancards, au-dessus du sourire cadavérique de Taillefer, du visage enfantin de Mireaux, du pansement plat de Gardet, des lèvres fendues de Scali, de chaque corps ensanglanté porté dans un balancement fraternel. Le cercueil passa, avec sa mitrailleuse tordue comme une branche. Magnin repartit.

Sans qu'il comprît trop bien comment, la profondeur des gorges où ils s'enfonçaient maintenant comme dans la terre même s'accordait à l'éternité des arbres. Il pensa aux carrières où l'on laissait jadis mourir les prisonniers. Mais cette jambe en morceaux mal attachés par les muscles, ce bras pendant, ce visage arraché, cette mitrailleuse sur un cercueil, tous ces risques consentis, cherchés ; la marche solennelle et primitive de ces brancards, tout cela était aussi impérieux que ces rocs blafards qui tombaient du ciel lourd, que l'éternité des pommes éparses sur la terre. De nouveau, tout près du ciel, des rapaces crièrent. Combien de temps avait-il encore à vivre ? Vingt ans ?

— Pourquoi qu'il est venu, l'aviateur arabe ?

L'une des femmes revenait vers lui, avec deux autres.

Là-haut, les oiseaux tournaient, leurs ailes immobiles comme celles des avions.

— C'est vrai que ça s'arrange, les nez, maintenant ?

A mesure que la gorge approchait de Linares, le chemin devenait plus large ; les paysans marchaient maintenant autour des civières. Les femmes noires, fichu sur la tête et paniers au bras, s'affairaient toujours dans le même sens autour des blessés, de droite à gauche. Les hommes, eux, suivaient les civières sans jamais les dépasser ; ils avançaient de front, très droits comme tous ceux qui viennent de porter un fardeau sur l'épaule. A chaque relais, les nouveaux porteurs abandonnaient leur marche rigide pour le geste prudent et affectueux par lequel ils prenaient les brancards, et repartaient avec le han ! du travail quotidien, comme s'ils eussent voulu cacher aussitôt ce que leur geste venait de montrer de leur cœur. Obsédés par les pierres du sentier, ne pensant qu'à ne pas secouer les civières, ils avançaient au pas, d'un pas ordonné et ralenti à chaque rampe ; et ce rythme accordé à la douleur sur un si long chemin semblait emplir cette gorge immense où criaient là-haut les derniers oiseaux, comme l'eût empli le battement solennel des tambours d'une marche funèbre. Mais ce n'était pas la mort qui, en ce moment, s'accordait aux montagnes : c'était la volonté des hommes.

On commençait à entrevoir Linares au fond de la gorge, et les civières se rapprochaient les unes des autres ; le cercueil avait rejoint le brancard de Scali. La mitrailleuse avait été attachée là où sont d'ordinaire les couronnes ; tout le cortège était, à des funérailles, ce qu'était à des couronnes cette mitrailleuse tordue. Là-bas, près de la route de Saragosse, autour des avions fascistes, les arbres du bois noir brûlaient encore dans le jour faiblissant. Ils n'iraient pas à Guadalajara. Et toute cette marche de paysans noirs, de femmes aux cheveux cachés sous des fichus sans époque, semblait moins suivre des blessés que descendre dans un triomphe austère.

La pente, maintenant, était faible : les civières, abandonnant le chemin, se déployèrent à travers l'herbe, les montagnards en éventail. Les gosses accouraient de Linares ; à cent mètres des brancards, ils s'écartaient, laissaient passer, puis suivaient. La route aux pavés posés de champ, plus glissante que les chemins de montagne, montait le long des remparts jusqu'à la porte.

Derrière les créneaux, tout Linares était massé. Le jour était faible, mais ce n'était pas encore le soir. Bien qu'il n'eût pas plu, les pavés luisaient, et les porteurs avançaient avec soin. Dans les maisons dont les étages dépassaient les remparts, quelques faibles lumières étaient allumées.

Le premier était toujours le bombardier. Les paysannes, sur le rempart, étaient graves, mais sans surprise : seul le visage du blessé était hors de la couverture, et il était intact. De même pour Scali et Mireaux. Langlois, en Don Quichotte, bandeau saignant et orteils vers le ciel (un pied foulé, il avait retiré une chaussure) les étonna ; la guerre la plus romanesque, celle de l'aviation, pouvait-elle finir ainsi ? L'atmosphère devint plus lourde lorsque Pujol passa : il restait assez de jour pour que des yeux attentifs vissent sur le cuir les larges plaques du sang. Quand Gardet arriva, sur cette foule déjà silencieuse tomba un silence tel qu'on entendit soudain le bruit lointain des torrents.

Tous les autres blessés voyaient ; et, quand ils avaient vu la foule, ils s'étaient efforcés de sourire, même le bombardier.

Gardet ne regardait pas. Il était vivant : des remparts, la foule distinguait, derrière lui, le cercueil épais. Recouvert jusqu'au menton par la couverture, et, sous le serre-tête en casque, ce pansement si plat qu'il ne pouvait y avoir de nez dessous, ce blessé-là était l'image même que, depuis des siècles, les paysans se faisaient de la guerre. Et nul ne l'avait contraint à combattre. Un moment, ils hésitèrent, ne sachant que faire, résolus pourtant à faire quelque chose ; enfin, comme ceux de Valdelinares, ils levèrent le poing en silence.

La bruine s'était mise à tomber. Les derniers brancards, les paysans des montagnes et les derniers mulets avançaient entre le grand paysage de roches où se formait la pluie du soir, et les centaines de paysans immobiles, le poing levé. Les femmes pleuraient sans un geste, et le cortège semblait fuir l'étrange silence des montagnes, avec son bruit de sabots, entre l'éternel cri des rapaces et ce bruit clandestin de sanglots.

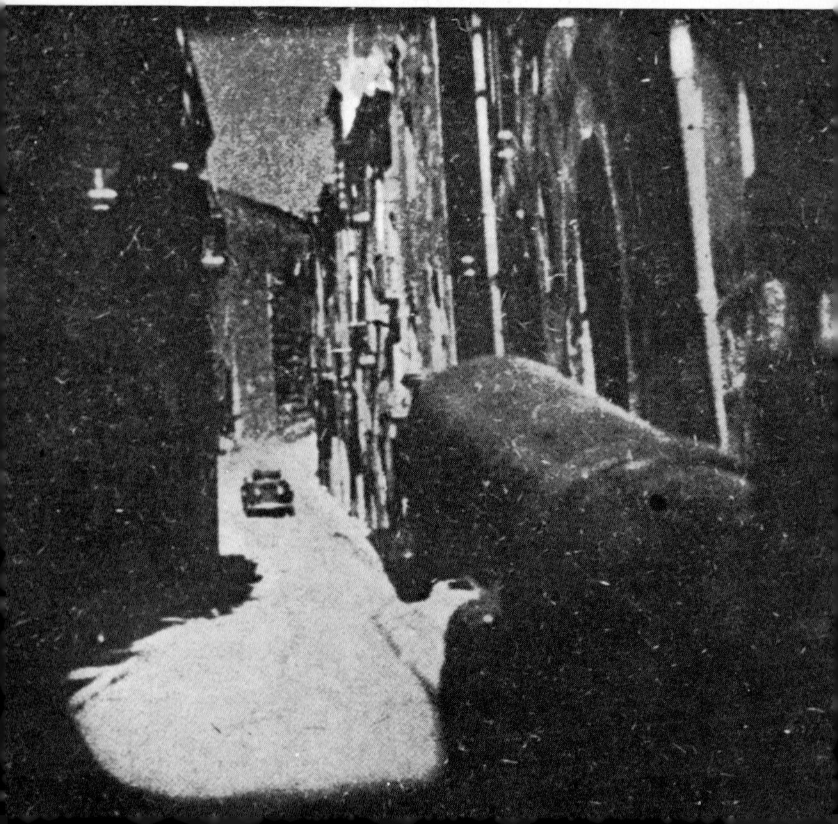

Une rue de Barcelone pendant l'enregistrement de la scène N° 27.

Une photo du film L'Espoir :
Dans le trou du pare-balles du canon, on voit s'approcher la voiture des Rouges qui va le renverser.

Photo Ina Bandy.

André Malraux.
(Montage photographique Roger Parry, 1952)

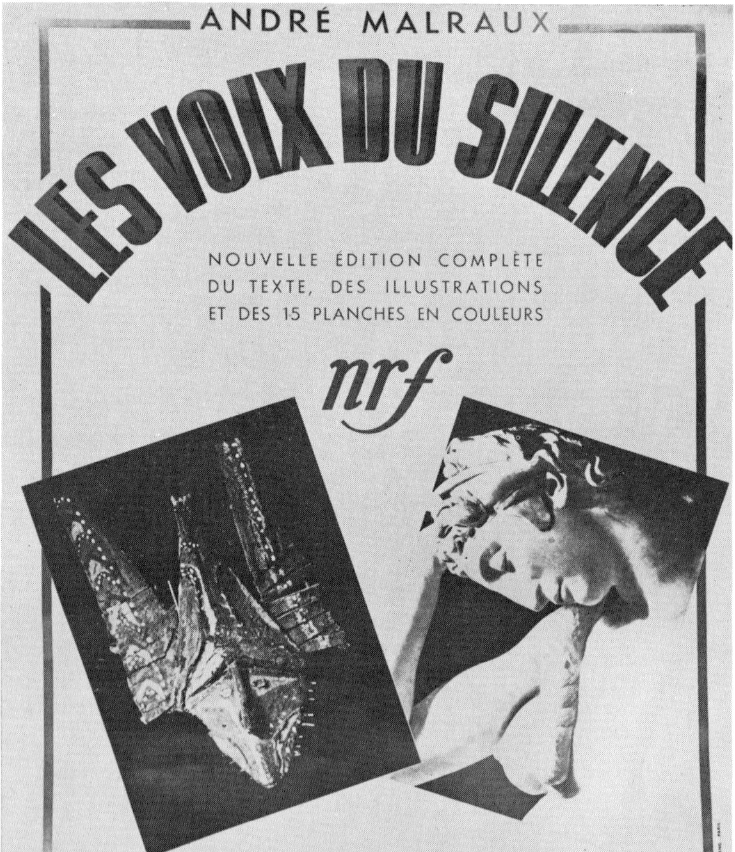
ANDRÉ MALRAUX
LES VOIX DU SILENCE
NOUVELLE ÉDITION COMPLÈTE
DU TEXTE, DES ILLUSTRATIONS
ET DES 15 PLANCHES EN COULEURS
nrf
LA GALERIE DE LA PLÉIADE

La tragédie entretient ici le même malentendu que dans l'histoire de la culture grecque. Ce qui fascine l'auditeur dans la trouble région où l'entraîne Œdipe, plus que la sourde revanche de tout un amphithéâtre devant le grondement de rois roulés comme les galets des grèves, c'est la conscience simultanée de la servitude humaine et de l'indomptable aptitude des hommes à fonder leur grandeur sur elle. Car le spectateur, la tragédie finie, décide de retourner au théâtre, non de se crever les yeux; car devant le surgissement des Euménides sur la pierre fauve du théâtre grec, comme devant un Christ en Croix, comme devant un site ou un visage peints, il ressent confusément l'intrusion de l'homme parmi des forces dont il n'était que l'enjeu, — l'intrusion du monde de la conscience dans celui du destin.

Nous savons bien que ce mot tire son accent de ce qu'il exprime la part mortelle de tout ce qui doit mourir. Il y a en nous une faille tantôt éclatante et tantôt secrète, qu'aucun dieu ne protège toujours : les saints appellent aridité leur désespoir, et « Pourquoi m'as-tu abandonné? » est, pour le christianisme, le cri de l'homme même. Le temps coule peut-être vers l'éternité, et sûrement vers la mort. Mais le destin n'est pas la mort, il est fait de tout ce qui impose à l'homme la conscience de sa condition ; même la joie de Rubens ne l'ignore pas, car le destin est plus profond que le malheur. C'est pourquoi, contre lui, l'homme s'est si souvent réfugié dans l'amour ; c'est pourquoi les religions défendent l'homme contre lui — même lorsqu'elles ne le défendent pas contre la mort — en le reliant à Dieu ou à l'univers. Nous connaissons la part de l'homme qui se veut toute-puissance et immortalité. Nous savons que l'homme ne prend pas conscience de lui-même comme il prend conscience du monde ; et que chacun est pour soi-même un monstre de rêves. J'ai conté jadis l'aventure d'un homme qui ne reconnaît pas sa voix qu'on vient d'enregistrer, parce qu'il l'entend pour la première fois à travers ses oreilles et non plus à travers sa gorge ; et, parce que notre gorge seule nous transmet notre voix intérieure, j'ai appelé ce livre « La Condition Humaine ». Les autres voix, en art, ne font qu'assurer la transmission de cette voix intérieure.

Le Musée Imaginaire nous enseigne que le destin est menacé quand un monde de l'homme, quel qu'il soit, surgit du monde tout court. Derrière chaque chef-d'œuvre, rôde ou gronde un destin dompté. La voix de l'artiste tire sa force de ce qu'elle naît d'une solitude qui rappelle l'univers pour lui imposer l'accent humain ; et, dans les grands arts du passé, survit pour nous l'invincible voix intérieure des civilisations disparues. Mais cette voix survivante et non pas immortelle, élève son chant sacré sur l'intarissable orchestre de la mort. La conscience que nous avons prise du destin, aussi profonde que celle de l'Orient mais singulièrement plus peuplée, est à celle des fatalités de jadis ce qu'est notre musée aux Cabinets d'antiques ; d'une autre taille que les spectres de marbre, il est l'Apparition du xxe siècle, et c'est contre lui que tente de se constituer le premier humanisme universel.

De même que Goya répond à la syphilis en retrouvant le cauchemar millénaire, et Watteau à la phtisie par une rêverie musicale, telle civilisation semble se défendre contre le destin en se liant aux rythmes cosmiques et telle autre en les effaçant ; l'art de toutes deux est pourtant uni à nos yeux par la défense commune qu'ils expriment ; pour les non-chrétiens, le peuple de statues des cathédrales exprime moins le Christ qu'il n'exprime la défense des chrétiens, par le Christ, contre le destin. Un art totalement étranger à ce si vieux dialogue n'est qu'un domaine d'assouvissement, mort à nos yeux. Alors que les civilisations qui se créèrent un passé le peuplèrent d'alliés exemplaires, notre culture artistique transforme tout le nôtre en un cortège de réponses éphémères à une invincible question.

Une civilisation ne survit — ou ne revit — pas par sa nature : elle nous intrigue par la part de l'homme qu'elle nous révèle, ou nous assiste par les valeurs qu'elle nous transmet. Sans doute ces valeurs nous sont-elles transmises par une métamorphose ; d'autant plus marquée que, si les civilisations de jadis ressentirent comme une totalité leur notion de l'homme (celui du xve siècle, le Grec de Périclès, le Chinois des Tang, ne furent pas, pour eux-mêmes, hommes-d'un-temps-particulier, mais hommes tout court), la fin de chaque époque nous révèle la part de l'homme qu'elle cultiva.

Une culture, dans la mesure où elle est héritage, comprend à la fois une somme de connaissances dans laquelle les arts tiennent une faible place, et un passé légendaire. Toute culture est plutarquienne, en ce qu'elle transmet une image exemplaire de l'homme si elle est puissante, des éléments exemplaires de l'homme si elle ne l'est pas. A l'épitaphe des morts des Thermopyles : « Passant, va dire à Lacédémone — Que ceux qui sont tombés ici sont morts dans sa loi », à l'inscription funéraire chinoise en l'honneur des héros ennemis : « Dans votre prochaine vie — Faites nous l'honneur de renaître chez nous ! », répondent des images auxquelles le sang ne donne pas son insatiable prestige : pensée et sainteté, le prince Siddharta quittant le palais de son père lorsqu'il découvre la douleur humaine, et le monologue de Prospero : « Nous sommes faits de l'étoffe des songes... » Toute culture entend maintenir, enrichir, ou transformer sans l'affaiblir, l'image idéale de l'homme reçue par ceux qui l'élaborent. Et si nous voyons les pays passionnés d'avenir : Russie, Amérique entière, de plus en plus attentifs au passé, c'est que la culture est l'héritage de la qualité du monde.

Qualité qui n'est pas toujours atteinte par les mêmes voies, et dans laquelle les arts ne jouent pas toujours le même rôle. La culture du Moyen Age n'est pas la connaissance du « Roman d'Alexandre », ni même celle d'Aristote, considérée alors comme celle d'une technique de la pensée ; elle se fonde sur les textes sacrés, les Pères et les saints : elle est culture de l'âme. L'art y appartient tout entier au présent. La Renaissance connaît le prestige de l'artiste, et n'est plus enfermée dans un présent qui ne connaît que l'éternité. Du passé, elle attend une épopée du profane, des formes d'épanouissement qui ne s'opposent pas toujours aux formes religieuses, mais que la foi ne donnait pas à celles-ci : d'une part, ce qui sépare Vénus d'Agnès Sorel, d'autre part, ce qui sépare Alexandre et Cincinnatus d'un chevalier. Quand cette grande et trouble image ne sera plus qu'un décor, le XVIe siècle en deviendra esclave et affaiblira son art : peut-être la longue éclipse de la poésie française tient-elle à ce que Ronsard préféra le décor de Théocrite au fond féerique sur lequel s'appuyèrent Spencer et Shakespeare. La Renaissance, au fond du passé limité qu'elle fouille avec une fièvre joyeuse, semble chercher tout ce qui affaiblira le démon (et Dieu peut-être du même coup) et trouve son apogée dans le patriciat de Titien, dans les visites de l'empereur et des rois à ce marchand de bois inspiré — toutes fenêtres ouvertes sur un fond de nudités et de voiles. Les sens deviennent la Cour du sens artistique, qui les fonde en qualité : le nu voluptueux, une des formes du sublime... La culture du XVIIe siècle est d'abord culture de l'esprit. Plusieurs de ses plus grands peintres lui sont étrangers : qu'a de commun Rembrandt avec Racine, avec les valeurs dont Racine se réclame ? La prospection du passé tend alors à une mise en ordre de l'homme et du monde ; toute culture est faite d'« humanités ». Au XVIIIe siècle, la connaissance scientifique entre dans la culture générale, qui se veut connaissance et non conscience, et croit, malgré son obsession de Rome, abandonner le passé pour l'avenir. Si élémentaire que soit un tel schéma, il suggère en quel sens les cultures des civilisations disparues nous semblent moins différentes, que cultures de parties différentes de la même plante. Mais leur succession ne se syncrétise pas en quelque théosophie culturelle, parce que l'humanité se continue selon la plus profonde des métamorphoses, et non grâce à des adjonctions, ni même à une croissance : Athènes n'est pas l'enfance de Rome — Sumer moins encore. Nous pouvons unir la connaissance des Pères de l'Église à celle des grands penseurs de l'Inde, non l'expérience chrétienne des premiers à l'expérience hindouïste des seconds ; nous pouvons tout unir, sauf l'essentiel.

Notre culture n'est donc pas faite de passés conciliés, mais de parts inconciliables de passé. Nous savons qu'elle n'est pas un inventaire, que l'héritage est métamorphose, et que le passé se conquiert ; que c'est en nous, par nous, que devient vivant le dialogue des ombres où se plaisait la rhétorique. Qu'échangeraient, au bord du Styx, Aristote et les prophètes d'Israël, sinon des injures ? Pour que pût naître le dialogue du Christ et de Platon, il fallait que naquît Montaigne. Or, notre résurrection n'est pas au service d'un humanisme préconçu ; comme Montaigne, elle appelle un humanisme pas encore conçu.

Devant le charnier des valeurs mortes, nous découvrons que les valeurs vivent et meurent en liaison avec le destin. Comme les types humains qui expriment les plus hautes d'entre elles, les valeurs suprêmes sont des défenses de l'homme. Chacun de nous éprouve que le saint, le sage, le héros sont des conquêtes sur la condition humaine. Pourtant les saints du bouddhisme ne ressemblent, ne peuvent ressembler, ni à saint Pierre, ni à saint Augustin ; pas plus que Léonidas à Bayard ou Socrate à Gandhi. Et la succession des valeurs éphémères dont chacune accompagne une civilisation : la conscience du tao, la soumission hindouïste au cosmos, l'interrogation grecque, la communion médiévale, la raison, l'histoire, nous montrent, plus clairement encore, comment les valeurs déclinent lorsqu'elles cessent d'être salvatrices.

Celles qu'incarne ou engendre le génie artistique (le génie, et non la représentation d'une époque) déclinent, elles aussi, pour les communautés auxquelles elles s'adressent : chrétienté ou chapelle, lorsqu'elles cessent de les défendre, et renaissent lorsqu'elles semblent en défendre d'autres. Mais nous ne cherchons pas en certaines d'entre elles la préfiguration des nôtres ; nous sommes moins héritiers de telle ou de telle en particulier, ou de toutes juxtaposées, que de leur ensemble et singulièrement de la coulée profonde qui les suscita. Nous avons pris enfin conscience de leur nature propre, comme l'hégélianisme prit conscience, non de valeurs oubliées, mais de l'histoire ; et c'est l'art dans sa totalité, délivré par le nôtre, que notre civilisation, la première, dresse contre le destin. La Renaissance n'a pas préféré, aux statues alexandrines, les quelques grandes œuvres grecques qu'elle entrevit, et n'eût pas préféré au « Laocoon » la « Koré d'Euthydikos ». C'est nous, et non la postérité, qui révélons le trésor des siècles, depuis que la création est devenue pour nos artistes une valeur suprême ; nous qui arrachons au passé de la mort le passé vivant du musée. Ici encore notre sensibilité à la statue mutilée, au bronze de fouilles, est révélatrice. Nous ne collectionnons ni les bas-reliefs effacés ni les oxydations : ce n'est pas la présence de la mort qui nous retient, c'est celle de la survie. La mutilation est la trace du combat, le temps tout à coup apparu : le temps qui fait partie des œuvres du passé autant que leur matière, et surgit de la cassure comme de la menaçante obscurité où s'unissent chaos et dépendance : tous les musées du monde ont pour symbole le torse mutilé d'Hercule.

Le nouvel adversaire d'Hercule, la dernière incarnation du destin, c'est l'histoire ; mais, bien qu'il soit créé par elle, l'homme du musée est à peine plus historique que les dieux légendaires. Il naît à la fois d'œuvres liées à leur temps comme celles de Grünewald, et d'œuvres qui lui échappent : il y a un Michel-Ange baroque, mais « la Pietà Roncalli », la « Nuit » même font penser à un Bourdelle qui serait Michel-Ange plus qu'aux sculpteurs italiens : le « Brutus » n'est pas une tête florentine ; il y a un Rembrandt baroque, mais les « Trois Croix », les « Pèlerins d'Emmaüs », ne sont ni du XVIIIe siècle, ni hollandais. Racine couronne comme un fronton de temple la civilisation dont il naît, Rembrandt couronne celle où il naît, comme le frémissant rougeoiement d'un incendie. L'histoire, en art, a une limite, qui est le destin lui-même ; car elle n'agit nullement sur l'artiste parce qu'elle suscite des clientèles successives, mais parce que chaque époque implique une forme du destin collectif, et l'impose à ce qui lutte contre lui ; pour que cette action s'affaiblisse, il suffit qu'elle rencontre d'autres formes de destin. Les « lumières » ne prévalent pas sur la maladie de Goya, ni l'éclat de Rome sur l'angoisse de Michel-Ange, ni la Hollande du XVIIe siècle sur la Révélation de Rembrandt. L'immense domaine d'art qui monte pour nous du passé n'est ni éternel, ni au-dessus de l'histoire ; il est lié à celle-ci et lui échappe à la fois, comme Michel-Ange à Buonarotti. Son passé n'est pas un temps révolu, mais un « possible » ; il n'y impose pas une fatalité, il établit un lien. Les bodhisattvas des Weï et ceux de Nara, les sculptures khmère et javanaise, la peinture Song, n'expriment pas la même communion cosmique qu'un tympan roman, qu'une danse de Civa, que les cavaliers du Parthénon ; toutes ces œuvres, pourtant, en expriment une ; et même la « Kermesse » de Rubens. Il suffit de regarder n'importe quel chef-d'œuvre grec pour voir que, si triomphant qu'il soit du sacré oriental, il fonde son triomphe, non sur la raison, mais sur « le sourire innombrable des flots ». Le grondement déjà lointain de la foudre antique orchestre sans la couvrir l'immortelle évidence d'Antigone : « Je ne suis pas née pour partager la haine, mais pour partager l'amour. » L'art grec n'est pas un art de solitude, mais celui d'une communion avec le cosmos dont il fut amputé par Rome. Quand le devenir ou le destin se substitue à l'être, l'histoire se substitue à la théologie, et l'art apparaît dans sa pluralité et dans sa métamorphose ; les absolus métamorphosés par les arts ressuscités, rétablissent alors, avec un passé qu'ils modèlent, le lien des dieux grecs et du cosmos. Au sens où Amphitrite fut la déesse de la mer, la figure qui rendit secourables les flots, l'art grec est notre dieu de la Grèce : c'est lui, et non les personnages de l'Olympe, qui nous l'exprime dans sa part la plus haute, victorieuse du temps et fraternelle, puisque c'est à travers lui seul qu'elle nous atteint à l'âme. Il exprime ce qui, à travers la Grèce et inséparable d'elle, fut la forme particulière d'un pouvoir divin dont tout art est le témoignage. L'Homme que suggère la multiplicité de ces pouvoirs est l'acteur de la plus vaste aventure, et aussi la souche profonde d'où montent les surgeons qui tour à tour s'enchevêtrent et s'ignorent ; telle victoire qu'il remporta jadis sur les démons de Babylone retentit sourdement en quelque coin secret de notre âme. De la « Naissance d'Aphrodite » au « Saturne » de Goya, au crâne aztèque de cristal, les archétypes radieux ou funèbres qu'il apporte répondent aux sursauts du grand sommeil troublé que l'humanité poursuit en nous, et chacune de ces voix devient l'écho d'un pouvoir humain tantôt maintenu, tantôt obscur, et souvent disparu. En lui, le délire épars du monstre de rêves s'ordonne en images souveraines, et le cauchemar saturnien prend figure de rêve secourable et pacifié. Il plonge dans le temps aussi profondément que l'homme du sang, et c'est lui qui nous fait rêver de la première nuit glacée où une sorte de gorille se sentit mystérieusement le frère du ciel étoilé. Il est l'éternelle revanche de l'homme. Presque toutes les grandes œuvres du passé ont en commun leur soumission au dialogue altier ou recueilli que chacune poursuit avec ce qu'un artiste crut porter de plus haut en son âme ; mais dans ces dialogues liés pour nous aux religions mortes qui les suscitèrent comme à Béatrix Portinari la « Vita Nuova », à Juliette Drouet la « Tristesse d'Olympio », les religions sont seulement les plus hauts domaines de l'humain, car ceux qui croient l'art chrétien suscité par le Christ ne croient pas l'art bouddhique suscité par le Bouddha, les formes civaïtes, suscitées par Civa. L'art ne délivre pas l'homme de n'être qu'un accident de l'univers ; mais il est l'âme du passé au sens où chaque religion antique fut une âme du monde. Il assure pour ses sectateurs, quand l'homme est né à la solitude, le lien profond qu'abandonnent les dieux qui s'éloignent. Si nous introduisons dans notre civilisation tant d'éléments ennemis, comment ne pas voir que notre avidité les fond en un passé devenu celui de sa plus profonde défense, séparé du vrai par sa nature même ? Sous l'or battu des masques de Mycènes, là où l'on chercha la poussière de la beauté, battait de sa pulsation millénaire un pouvoir enfin réentendu jusqu'au fond du temps. A la petite plume de Klee, au bleu des raisins de Braque, répond du fond des empires le chuchotement des statues qui chantaient au lever du soleil. Toujours enrobé d'histoire, mais semblable à lui-même depuis Sumer jusqu'à l'école de Paris, l'acte créateur maintient au long des siècles une reconquête aussi vieille que l'homme. Une mosaïque byzantine et un Rubens, un Rembrandt et un Cézanne expriment des maîtrises distinctes, différemment chargées de ce qui fut maîtrisé ; mais elles s'unissent aux peintures magdaléniennes dans le langage immémorial de la conquête, non dans un syncrétisme de ce qui fut conquis. La leçon des Bouddhas de Nara ou celle des Danses de Mort civaïtes n'est pas une leçon de bouddhisme ou d'hindouïsme ; et le Musée Imaginaire est la suggestion d'un vaste possible projeté par le passé, la révélation de fragments perdus de l'obsédante plénitude humaine, unis dans la communauté de leur présence invaincue. Chacun des chefs-d'œuvre est une purification du monde, mais leur leçon commune est celle de leur existence, et la victoire de chaque artiste sur sa servitude rejoint, dans un immense déploiement, celle de l'art sur le destin de l'humanité.

L'art est un anti-destin.

Lorsque l'esprit grec était le plus libre, les Grecs n'étaient pas moins à l'aise à la cour des Achéménides que ne le furent les Byzantins à la cour des Sassanides ; les reconstitutions photographiques d'une rue romaine, avec ses boutiques à éventaires, ses femmes en voile et ses hommes en toge, évoquent moins une rue de Washington, et même de Londres — pour supprimer les gratte-ciel — qu'une rue de Bénarès ; c'est en découvrant l'Islam que les peintres romantiques crurent retrouver l'antiquité vivante. Notre temps a le premier perdu l'asiatisme de son passé, rompu le pacte qui avait uni cinq millénaires de civilisations agricoles comme la terre unit les forêts et les tombeaux ; la civilisation de la conquête du monde imposa la métamorphose décisive qu'avaient imposée les grandes religions, et le machinisme n'a peut-être pas d'autre précédent que la découverte du feu...

La grande résurrection de notre temps exigeait notre art, mais la forme que nous connaissons à celui-ci tire à sa fin ; née d'un combat, comme la philosophie des lumières, elle ne peut survivre intacte à sa victoire. La résurrection ne cesse pourtant de s'étendre et de s'enrichir, comme le fit celle de l'antiquité lorsque la Renaissance fut morte, celle du gothique après la fin du romantisme ; et elle est garante de notre art, car aucun âge touché *à la fois* par les archaïques grecs, les Égyptiens, les sculpteurs Weï, Michel-Ange, ne pourra rejeter Cézanne. Nos problèmes ne sont ni ceux de Babylone, ni ceux d'Alexandrie, ni ceux de Byzance ; notre civilisation, même si elle devait être atomisée demain, ne serait pas celle de l'Égypte à la veille de sa mort, et la main frémissante qui arrache à la terre le passé du monde n'est pas celle qui modelait les dernières Tanagras : à Alexandrie, le Musée n'était qu'une académie. La première culture artistique universelle, qui va sans doute transformer l'art moderne par quoi elle fut jusqu'ici orientée, n'est pas un envahissement, mais une des conquêtes suprêmes de l'Occident. Que nous l'acceptions ou non, l'Occidental ne s'éclairera qu'à la torche qu'il porte, même si sa main brûle : et ce que cette torche tente d'éclairer, c'est tout ce qui peut accroître le pouvoir de l'homme. Comment une civilisation agnostique écarterait-elle le recours à ce qui la dépasse et souvent la grandit ? Si la qualité du monde est la matière de toute culture, la qualité de l'homme en est le but : c'est elle qui la fait, non somme de connaissances, mais héritière de grandeur ; et notre culture artistique, qui sait qu'elle ne peut se limiter à l'affinement le plus subtil de la sensibilité, tâtonne devant les figures, les chants et les poèmes qui sont l'héritage de la plus vieille noblesse du monde — parce qu'elle s'en découvre aujourd'hui la seule héritière.

Rome accueillait dans son Panthéon les dieux des vaincus.

Sans doute un jour, devant les étendues arides ou reconquises par la forêt, nul ne devinera plus ce que l'homme avait imposé d'intelligence aux formes de la terre en dressant les pierres de Florence dans le grand balancement des oliviers toscans. Il ne restera rien de ces palais qui virent passer Michel-Ange exaspéré par Raphaël, ni des petits cafés de Paris où Renoir s'asseyait avec Cézanne, Van Gogh avec Gauguin. L'Éternel de la Solitude n'est pas moins vainqueur des rêves que des armées ; et les hommes n'ignorent guère tout cela, depuis qu'ils existent et savent qu'ils doivent mourir.

Nietzsche a écrit qu'en face de la floraison d'une prairie au printemps, le sentiment que l'humanité tout entière n'était qu'une semblable luxuriance créée pour le néant par quelque puissance aveugle, s'il était un sentiment réellement éprouvé, ne pouvait être supporté. Peut-être. J'ai vu l'océan malais constellé de méduses phosphorescentes aussi loin que la nuit permît au regard de plonger dans la baie, puis la frémissante nébuleuse des lucioles qui couvraient les pentes jusqu'aux forêts disparaître peu à peu dans le grand effacement de l'aube ; si le destin de l'humanité est aussi vain que l'était cette lumière condamnée, l'implacable indifférence du jour n'est pas plus puissante que la méduse phosphorescente qui sculpta le tombeau des Médicis dans Florence asservie, que celle qui grava les Trois Croix dans la solitude et dans l'abandon. Qu'importe Rembrandt à la dérive des nébuleuses ? Mais c'est l'homme que les astres nient, et c'est à l'homme que parle Rembrandt. Corps de pitié passés sans traces, que l'humanité soit ce néant où de pauvres mains tirent à jamais, de la terre qui porte les marques de la demi-bête aurignacienne et celles de la mort des empires, des images dont l'indifférence ou la communion rend le même témoignage de votre dignité : nulle grandeur n'est séparable de ce qui la maintient. Le reste est espèces soumises, et mouches sans lumières.

Mais l'homme est-il obsédé d'éternité, ou d'échapper à l'inexorable dépendance que lui ressasse la mort ? Survie misérable qui n'a pas le temps de voir s'éteindre les étoiles déjà mortes ! mais non moins misérable néant, si les millénaires accumulés par la glaise ne suffisent pas à étouffer dès le cercueil la voix d'un grand artiste... Il n'y a pas de mort invulnérable devant un dialogue à peine commencé, et la survie ne se mesure pas à la durée ; elle est celle de la forme que prit la victoire d'un homme sur le destin, et cette forme, l'homme mort, commence sa vie imprévisible. La victoire qui lui donna l'existence, lui donnera une voix que son auteur ignorait en elle. Ces statues plus égyptiennes que les Égyptiens, plus chrétiennes que les chrétiens, plus Michel-Ange que Michel-Ange — plus humaines que le monde — et qui se voulurent une irréductible vérité, bruissent des mille voix de forêt que leur arracheront les âges. Les corps glorieux ne sont pas ceux du tombeau.

L'humanisme, ce n'est pas dire : « Ce que j'ai fait, aucun animal ne l'aurait fait », c'est dire : « Nous avons refusé ce que voulait en nous la bête, et nous voulons retrouver l'homme partout où nous avons trouvé ce qui l'écrase. » Sans doute, pour un croyant, ce long dialogue des métamorphoses et des résurrections s'unit-il en une voix divine, car l'homme ne devient homme que dans la poursuite de sa part la plus haute ; mais il est beau que l'animal qui sait qu'il doit mourir, arrache à l'ironie des nébuleuses le chant des constellations, et qu'il le lance au hasard des siècles, auxquels il imposera des paroles inconnues. Dans le soir où dessine encore Rembrandt, toutes les Ombres illustres, et celles des dessinateurs des cavernes, suivent du regard la main hésitante qui prépare leur nouvelle survie ou leur nouveau sommeil.

Et cette main, dont les millénaires accompagnent le tremblement dans le crépuscule, tremble d'une des formes secrètes, et les plus hautes, de la force et de l'honneur d'être homme.

Shangaï en 1927
(Photo Keystone)

ANTIMÉMOIRES.

— Monsieur le Président, j'ai l'honneur de vous remettre cette lettre du président de la République française, où le général de Gaulle me charge d'être son interprète auprès du président Mao Tsé-toung et de vous-même.

Je cite la phrase qui concerne Mao en m'adressant à lui, et me trouve devant lui, la lettre remise, à l'instant où la traduction s'achève. Son accueil est à la fois cordial et curieusement familier, comme s'il allait dire : « Au diable la politique! » Mais il dit :

— Vous venez de Yenan, n'est-ce pas? Quelle est votre impression?

— Très forte. C'est un musée de l'invisible...

La traductrice — celle qu'employait Chou En-laï — traduit sans broncher, mais attend manifestement une explication.

— Au musée de Yenan, on attend des photos de la Longue Marche, des Lolos, des montagnes, des marécages... Pourtant, l'expédition passe au second plan. Au premier, ce sont les piques, les canons faits avec des troncs d'arbre et du fil télégraphique : le musée de la misère révolutionnaire. Lorsqu'on le quitte pour les grottes que vous avez habitées avec vos collaborateurs, on a la même impression, surtout lorsqu'on se souvient du luxe de vos adversaires. J'ai pensé à la chambre de Robespierre chez le menuisier Duplay. Mais une montagne est plus impressionnante qu'un atelier, et votre abri, au-dessus du musée actuel, fait penser aux tombeaux égyptiens...

— Mais pas les salles du parti.

— Non. D'abord, elles sont protégées par des vitres. Mais elles donnent une impression de dénuement volontaire, monastique. C'est ce dénuement qui suggère une force invisible, comme celui de nos grands cloîtres.

Nous sommes tous assis dans des fauteuils de rotin dont les bras portent de petits linges blancs. Une salle d'attente dans une gare tropicale... Dehors, à travers les stores, l'immense soleil d'août. L'expression de tous est celle de la bienveillance et de la componction ; d'une politesse attentive qui semble pourtant ne pas tenir compte de celui qui en est l'objet. Elle est rituelle. L'Empereur unissait le peuple au cosmos. Sous toutes ces villes il y a la géomancie, sous tous ces gestes il y a l'Ordre. L'empereur est mort, mais la Chine est hantée par l'Ordre qu'il exprimait. D'où l'active soumission dont je n'ai jamais eu l'équivalent, même en Russie. Je distingue maintenant Mao, à contre-jour. Le même type de visage rond, lisse, jeune, que celui du maréchal. La sérénité d'autant plus inattendue qu'il passe pour violent. A côté de lui, le visage chevalin du président de la République. Derrière eux, une infirmière en blanc.

— Quand les pauvres sont décidés à combattre, dit-il, ils sont toujours vainqueurs des riches : voyez votre Révolution.

J'entends la phrase de toutes nos Écoles de Guerre : jamais des milices n'ont battu longtemps une armée régulière. Et que de Jacqueries pour une Révolution! Mais peut-être veut-il dire que dans un pays comme la Chine, où les armées ressemblaient à nos grandes Compagnies médiévales, ce qui était assez fort pour susciter des troupes volontaires l'était aussi pour leur assurer la victoire : on se bat mieux pour survivre que pour conserver.

Après l'écrasement des communistes par Tchang Kaï-chek à Chang-hai et à Han-kéou, en 1927, il a organisé les milices paysannes. Or, *tous* les Russes qui se réclamaient du marxisme-léninisme, tous les Chinois qui dépendaient directement d'eux, posaient en principe que la paysannerie ne peut jamais vaincre seule. Les trotskistes comme les staliniens. Sa certitude qu'une prise du pouvoir par les paysans était possible a tout changé. Comment est-elle née? Quand a-t-il opposé la foule paysanne armée de lances à tous les marxistes d'obédience russe, donc au Komintern?

— Ma conviction ne s'est pas formée : je l'ai toujours éprouvée.

Je me souviens du mot du général de Gaulle : « Quand avez-vous pensé que vous reprendriez le pouvoir? — Toujours... »

— Mais il y a tout de même une réponse. Après le coup de Tchang Kaï-chek à Chang-hai, nous nous sommes dispersés. Comme vous le savez, j'ai décidé de rentrer dans mon village. Jadis, j'avais connu la grande famine de Tchang-cha, avec les têtes coupées des révoltés au haut des perches, mais je l'avais oubliée. A trois kilomètres de mon village, il ne restait pas une écorce, sur certains arbres, jusqu'à quatre mètres de haut : les affamés les avaient mangées. Avec des hommes obligés de manger des écorces, nous pouvions faire de meilleurs combattants qu'avec les chauffeurs de Chang-hai, ou même les coolies. Mais Borodine ne comprenait rien aux paysans.

— Gorki m'a dit un jour, devant Staline : les paysans sont partout les mêmes...

— Ni Gorki, un grand poète vagabond, ni Staline... ne connaissaient quoi que ce soit aux paysans. Il n'y a pas de bon sens à confondre vos koulaks avec les miséreux des pays sous-développés. Et il n'y a pas de marxisme abstrait, il y a un marxisme concret, adapté aux réalités concrètes de la Chine, aux arbres nu comme les gens parce que les gens sont en train de les manger.

Après : Staline... il a hésité. Qu'allait-il dire ? Un séminariste ? Que pense-t-il de lui aujourd'hui ? Jusqu'à l'entrée à Pékin, Staline a cru à Tchang Kaï-chek, qui devait écraser ce parti épisodique, pas même stalinien, comme il l'avait écrasé à Changhai en 1927. Khrouchtchev, lors de la séance secrète du XXe Congrès du Parti en 1956, affirmait que Staline avait été prêt à rompre avec les communistes chinois. Dans la Corée du Nord, il avait laissé les usines intactes ; dans les régions qu'allait occuper Mao, il les avait détruites. Il avait envoyé à Mao un travail sur la guerre des partisans, et Mao l'avait donné à Liou Shaoshi : « Lis ça, si tu veux savoir ce qu'il aurait fallu faire — pour que nous soyons tous morts. » Quitte à croire à un communiste, Staline préférait croire à Li-Li-San, formé à Moscou. Les purges ont sans doute été indifférentes à Mao — plus que le rejet de la critique, et que le dédain des masses paysannes. Et sans doute respecte-il les immenses services rendus au communisme dans la dékoulakisation, dans la lutte contre l'encerclement, dans la conduite de la guerre. Il y a au-dessus de moi, comme dans toutes les salles officielles, quatre portraits : Marx, Engels, Lénine — et Staline.

Bien que Mao ait appartenu au groupe de jeunes Chinois dont chacun devait gagner la France après avoir appris quelques mots de français, pour travailler dans une usine pendant le temps nécessaire à sa formation révolutionnaire (Chou En-laï a fondé le P. C. chinois à Billancourt), il n'a jamais quitté la Chine, et n'a jamais abandonné sa méfiance à l'égard de la plupart des révolutionnaires revenus de l'étranger, ainsi que des envoyés du Komintern.

— Vers 1919, j'ai été responsable des étudiants du Hou-nan. Nous voulions, avant tout, l'autonomie de la province. Nous avons combattu avec le seigneur de la Guerre Tchao-Heng-Ti. L'année suivante, il s'est retourné contre nous. Il nous a écrasés. J'ai compris que seules les masses pourraient abattre les seigneurs de la Guerre. En ce temps-là, je lisais le *Manifeste communiste*, et je participais à l'organisation des ouvriers. Mais je connaissais l'armée, j'avais été soldat pendant quelques mois en 1911. Je savais que les ouvriers ne suffiraient pas.

— Chez nous, les soldats de la Révolution, dont beaucoup étaient fils de paysans, sont devenus les soldats de Napoléon. Nous savons à peu près comment. Mais comment s'est formée l'armée populaire ? Et re-formée, puisque parmi les 20 000 combattants arrivés à Yenan, 7 000 seulement venaient du Sud. On parle de propagande, mais la propagande fait des adhérents, elle ne fait pas des soldats...

— Il y a d'abord eu les noyaux. Il y avait plus d'ouvriers qu'on ne le dit, dans l'armée révolutionnaire. Nous avions beaucoup de gens, au Kiang-si : nous avons choisi les meilleurs. Et pour la Longue Marche, ils se sont choisis eux-mêmes... Ceux qui sont restés ont eu tort ; Tchang Kaï-chek en a fait exterminer plus d'un million.

« Notre peuple haïssait, méprisait et craignait les soldats. Il a su très vite que l'armée rouge était la sienne. Presque partout, il l'a accueillie. Elle a aidé les paysans, surtout au moment des moissons. Ils ont vu que chez nous il n'y avait pas de classe privilégiée. Ils ont vu que nous mangions tous de la même façon, que nous portions les mêmes vêtements. Les soldats avaient la liberté de réunion et la liberté de parole. Ils pouvaient contrôler les comptes de leur compagnie. Surtout, les officiers n'avaient pas le droit de battre les hommes, ni de les insulter.

« Nous avions étudié les rapports des classes. Quand l'armée était là, il n'était pas difficile de montrer ce que nous défendions : les paysans ont des yeux. Les troupes ennemies étaient bien plus nombreuses que les nôtres, et aidées par les Américains ; pourtant nous avons souvent été vainqueurs, et les paysans savaient que nous étions vainqueurs pour eux. Il faut apprendre à faire la guerre, mais la guerre est plus simple que la politique : il s'agit d'avoir plus d'hommes ou plus de courage, à l'endroit où l'on engage le combat. Perdre de temps à autre est inévitable ; il faut seulement avoir plus de victoires que de défaites...

— Vous avez tiré grand parti de vos défaites.

— Plus que nous ne l'avions prévu. A certains égards la Longue Marche a été une retraite. Pourtant ses résultats ont été ceux d'une conquête, parce que partout où nous sommes passés...

(Dix mille kilomètres, dit la traductrice entre parenthèses.)

« ...les paysans ont compris que nous étions avec eux, et quand ils en ont douté, la conduite des soldats du Kuo Min Tang s'est chargée de les en convaincre. Sans parler de la répression. »

Celle de Tchang Kaï-chek. Mais il pourrait parler aussi de l'efficacité de la sienne : l'Armée de Libération n'a pas seulement confisqué les grandes propriétés, elle a exterminé les grands propriétaires et annulé les créances. Les maximes de guerre de Mao sont devenues une chanson populaire : « L'ennemi avance, nous nous retirons. Il campe, nous le harcelons. Il refuse le combat, nous attaquons. Il se retire, nous le poursuivons. » Je sais que son « nous » comprend à la fois l'armée, le parti, les travailleurs d'aujourd'hui et ceux de la Chine éternelle. La mort n'y trouve pas place. La civilisation chinoise avait fait de tout Chinois un individu naturellement discipliné. Et, pour tout paysan, la vie dans l'Armée populaire, où l'on apprenait à lire, où la camaraderie était grande, était plus honorable et moins pénible que la vie au village. Le passage de l'armée rouge à travers la Chine fut une propagande plus puissante que les propagandes conçues par le parti : tout le long de cette traînée de cadavres, la paysannerie entière se leva, le jour venu.

— Quel était l'axe de votre propagande?

— Représentez-vous bien la vie des paysans. Elle avait toujours été mauvaise, surtout lorsque les armées vivaient sur la campagne. Elle n'avait jamais été pire qu'à la fin du pouvoir du Kuo Min Tang. Les suspects enterrés vivants, les paysannes qui espéraient renaître chiennes pour être moins malheureuses, les sorcières qui invoquaient leurs dieux en chantant comme un chant de mort : « Tchang Kaï-chek arrive! » Les paysans n'ont guère connu le capitalisme : ils ont trouvé devant eux l'État féodal renforcé par les mitrailleuses du Kuo Min Tang.

« La première partie de notre lutte a été une Jacquerie. Il s'agissait de délivrer le fermier de son seigneur ; non de conquérir une liberté de parole, de vote ou d'assemblée : mais la liberté de survivre. Rétablir la fraternité bien plus que conquérir la liberté! Les paysans l'avaient entrepris sans nous, ou étaient sur le point de l'entreprendre. Mais souvent, avec désespoir. Nous avons apporté l'espérance. Dans les régions libérées, la vie était moins terrible. Les troupes de Tchang Kaï-chek le savaient si bien qu'elles propagèrent que les prisonniers et les paysans qui passaient chez nous étaient enterrés vivants. C'est pourquoi il fallut organiser la guerre par cri, faire crier la vérité par des gens que connaissaient ceux qui les entendaient. Et seulement par ceux qui n'avaient pas laissé de parents de l'autre côté. C'est pour maintenir l'espoir, que nous avons développé la guérilla autant que nous l'avons pu. Bien plus que pour les expéditions punitives. *Tout est né d'une situation particulière :* nous avons organisé la Jacquerie, nous ne l'avons pas suscitée. La Révolution est un drame passionnel ; nous n'avons pas gagné le peuple en faisant appel à la raison, mais en développant l'espoir, la confiance et la fraternité. Devant la famine, la volonté d'égalité prend la force d'un sentiment religieux. Ensuite, en luttant pour le riz, la terre et les droits apportés par la réforme agraire, les paysans ont eu la conviction de lutter pour leur vie et celle de leurs enfants.

« Pour qu'un arbre croisse, il faut la graine, il faut aussi la terre : si vous semez dans le désert, l'arbre ne poussera pas. La graine a été, dans beaucoup d'endroits, le souvenir de l'Armée de Libération ; dans beaucoup d'autres, les prisonniers. Mais partout la terre a été la situation particulière, la vie intolérable des villageois sous le dernier régime du Kuo Min Tang.

« Pendant la Longue Marche, nous avons fait plus de cent cinquante mille prisonniers, par petits paquets ; et bien davantage, pendant la marche sur Pékin. Ils restaient avec nous quatre ou cinq jours. Ils voyaient bien la différence entre eux et nos soldats. Même s'ils n'avaient presque pas à manger — comme nous — ils se sentaient libérés. Quelques jours après leur capture, nous rassemblions ceux qui voulaient s'en aller. Ils s'en allaient, après une cérémonie d'adieux, comme s'ils avaient été des nôtres. Après la cérémonie, beaucoup ont renoncé à partir. Et chez nous, ils sont devenus braves. Parce qu'ils savaient ce qu'ils défendaient.

— Et parce que vous les versiez dans des unités éprouvées ?

— Bien entendu. La relation du soldat avec sa compagnie est aussi importante que celle de l'armée avec la population. C'est ce que j'ai appelé le poisson dans l'eau. L'Armée de Libération est une soupe dans laquelle fondent les prisonniers. De même, il ne faut engager les nouvelles recrues que dans les batailles qu'elles peuvent gagner. Plus tard, c'est différent. Mais nous avons toujours soigné les blessés ennemis. Nous n'aurions pas pu traîner tous ces prisonniers ; peu importe. Quand nous avons marché sur Pékin, les soldats battus savaient qu'ils ne risquaient rien à se rendre, et ils se sont rendus en masse. Les généraux aussi, d'ailleurs.

Donner à une armée le sentiment que la victoire lui est promise, n'est certes pas négligeable. Je me souviens de Napoléon, pendant la retraite de Russie : « Sire, nos hommes sont massacrés par deux batteries russes. — Qu'on ordonne à un escadron de les prendre ! »

Je le dis à Mao, qui rit, et ajoute :

— Rendez-vous bien compte qu'avant nous, dans les masses, personne ne s'était adressé aux femmes, ni aux jeunes. Ni, bien entendu, aux paysans. Les uns et les autres se sont sentis *concernés*, pour la première fois.

La « Longue Marche »
(Photo Parimage)

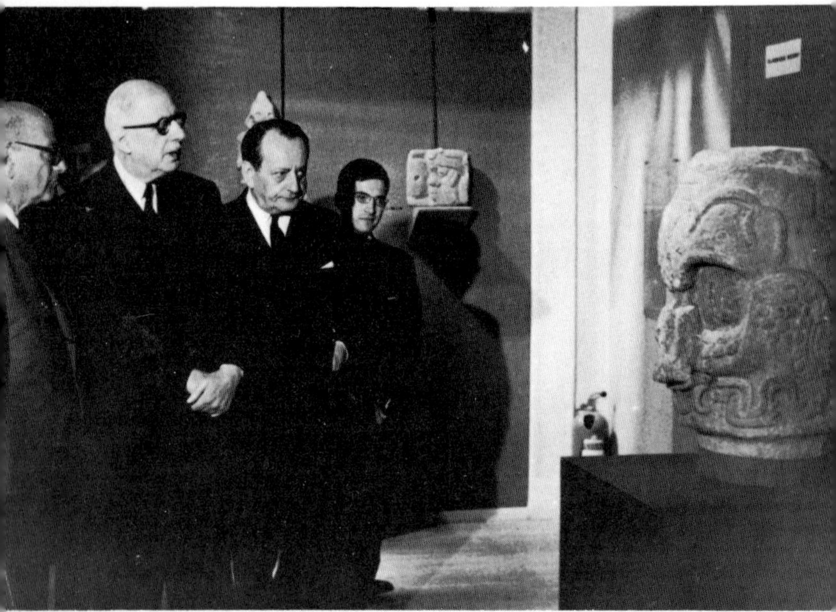

A l'exposition des Arts Mayas du Guatemala, octobre 1968 (Photo Keystone)

LES CHÊNES QU'ON ABAT.

Dans le salon aux fauteuils de cuir, où nous allons prendre le café, Grigri est couché sur un fauteuil. Les nuages se sont accumulés, et la pièce devient sombre. Le général me dit avec un peu d'ironie :

— C'est vous qui avez imposé le mot gaullisme, non ? Qu'entendiez-vous par là, au début ?

De nouveau, le ton a changé. Plus question de chats, ni de la distraction familière avec laquelle il parlait de Guevara, et même de Napoléon. Comme aux déjeuners intimes de l'Élysée, l'entracte est fini.

Je réponds :

— Pendant la Résistance, quelque chose comme : les passions politiques au service de la France, en opposition à la France au service des passions de droite ou de gauche. Ensuite, un sentiment. Pour la plupart de ceux qui vous ont suivi, votre idéologie ne me paraît pas avoir été capitale. L'importance était ailleurs : pendant la guerre, évidemment, dans la volonté nationale ; ensuite, et surtout depuis 1958, dans le sentiment que vos motifs, bons ou mauvais, *n'étaient pas ceux des politiciens.*

— Quand j'ai vu les politiciens rassemblés pour la première fois, j'ai senti aussitôt, sans erreur possible, leur hostilité à tous. Ils n'ont aucunement cru à ma dictature ; mais ils ont compris que je représentais l'État. C'était la même chose ; l'État est le diable, parce que s'il existe, eux n'existent plus. Ils perdent ce à quoi ils tiennent avant tout, et qui n'est point l'argent, mais l'exercice de leur vanité. Ils l'ont tous en abomination.

— Vous ne leur facilitiez pas la vie : ils promettaient des cadeaux, vous promettiez des sacrifices. Il reste que les Français sont antimonarchistes, et l'organisation de l'enseignement primaire depuis la IIIe n'y est pas pour rien ; ils sont aussi antipoliticiens, souvent pour de mauvaises raisons, car, quoi qu'on en dise, j'ai peu rencontré la corruption... Guy Mollet m'a dit qu'il ne possédait pas huit cent mille francs de l'époque. C'était certainement vrai. (A propos : quand son ministère et le mien se trouvaient en face de Matignon, j'avais l'ancienne salle des mousquetaires, ce qui était flatteur, et lui, l'ancienne salle des chanoines...)

— Je reconnais que les grands politiciens sont plus intègres qu'on ne le dit ; reconnaissez qu'ils aiment beaucoup les palais nationaux. Quand Herriot est venu, la conversation n'a pas duré cinq minutes avant qu'il expliquât qu'il devait reprendre l'hôtel de Lassay : la présidence de la Chambre. Je n'étais pas d'accord, puisqu'il n'était pas président de l'Assemblée. Il ne me l'a pas pardonné.

— Il me semble que les Français n'estiment longtemps que les politiques voués à quelque chose : la France, la Paix, — Clemenceau, Briand ; même Poincaré, à cause de la guerre. Ceux qui ne se définissent pas par un mélange d'ambition et d'administration. Ceux qui ne sont pas des politiciens. Vous vous souvenez de la foule debout, quand j'ai répondu à je ne sais quel minable qui vous attaquait : " L'homme qui, dans le terrible sommeil de notre pays, en maintint l'honneur comme un invincible songe! " Et il n'y avait pas là que des amis.

— Oui. Il en sera ainsi quand je serai mort, vous verrez. Pourquoi ?

— Vous avez fait aux Français un don qu'on ne leur fait guère : élire en eux leur meilleure part. Légitimer le sacrifice est peut-être la plus grande chose que puisse faire un homme. Les communistes aussi l'ont fait pour les leurs. Pas les autres.

— Encore valait-il mieux être Salan devant nos tribunaux, que Toukhatchevski — innocent, lui! — en face de ceux de Staline. Mais je reconnais que si bien des soldats de l'an II sont morts pour la République, personne n'est mort pour le parti radical. Et que la France va de nouveau se politiser.

— Votre France n'a jamais été du domaine rationnel. Comme celle des Croisades, celle de l'an II. Pourquoi les braves types de l'île de Sein sont-ils venus vous rejoindre? Pourquoi vous avons-nous suivi? Vous disiez qu'à la fin nous serions peut-être vainqueurs; nous pensions aussi que nous serions d'abord morts. Les gaullistes de gauche ont réellement espéré que tôt ou tard vous feriez, dans le domaine social, ce qu'ils n'attendaient plus des communistes ni des socialistes; mais ils ne vous ont pas suivi pour cela. En 40, la justice sociale était dans la lune; Staline, l'allié de Hitler, et Hitler à Paris. Les communistes sont venus avec nous, plus tard, avec soulagement : la défense du prolétariat écrasé s'accordait à celle de la France écrasée.

— Et à celle de la Russie.

— Ce qui a empêché le gaullisme de devenir un nationalisme, c'est sa faiblesse. Votre force a tenu à ce que vous n'aviez rien. Il n'y a pas eu que les gaullistes, pour vous suivre. Si j'en juge par les journalistes qui viennent m'interroger, un domaine capital de la France combattante et de la Résistance va disparaître, a déjà disparu : c'est l'antifascisme. Vous êtes le dernier chef antifasciste d'Occident. La plupart des anciens combattants d'Espagne, espagnols ou français, qui vous ont suivi au temps du pacte germano-soviétique, continuaient leur combat. Ils ont d'ailleurs été stupéfaits de ne pas retrouver Franco entre Hitler et Mussolini.

— Il est bon que vous citiez les étrangers, car vous parlez de la Résistance politique, non de la Résistance politique, non de la Résistance nationale, sans laquelle l'autre n'aurait pas pesé lourd!

— Mais ils ont continué le combat avec nous, plutôt que de rejoindre l'armée américaine. Ce qui a tout de même un sens. Je ne crois pas qu'un historien futur puisse interpréter le gaullisme en termes seulement politiques, ni même, seulement nationaux. Le communisme, c'est le prolétariat, mais aussi une volonté de justice qui n'est pas seulement marxiste; le gaullisme a été la France, mais aussi quelque chose de plus.

A l'exposition « André Malraux »
de Saint-Paul-de-Vence avec Aimé Maeght, 1973.
(Photo Thévenin/Sipahioglu)

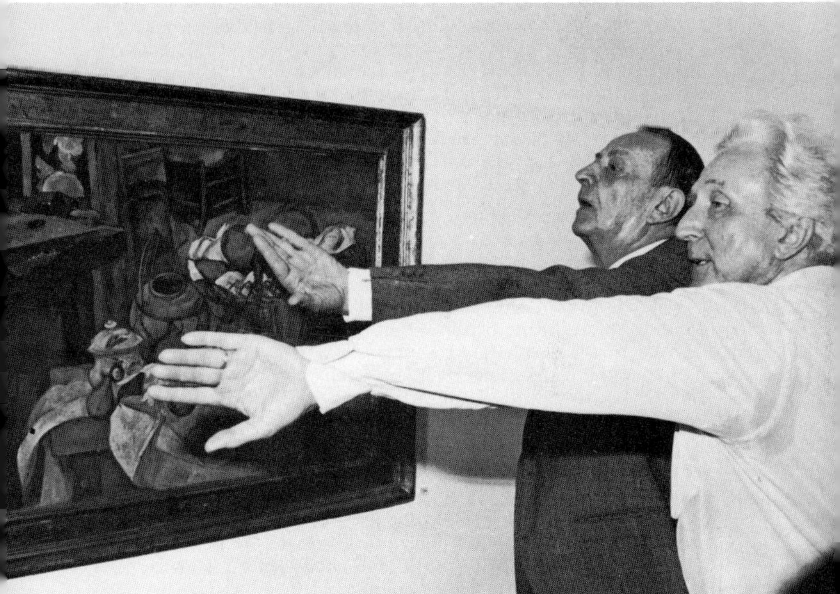

Perspectives sur Malraux

ANDRÉ GIDE :

(1933). J'ai le plus grand mal, aujourd'hui, à m'intéresser à de la fiction. Pourtant, j'ai repris, depuis le début, *La Condition humaine*. Ce livre qui, en revue, m'apparaissait touffu à l'excès, rebutant à force de richesse et presque incompréhensible à force de complexité... me semble, à le relire d'un trait, parfaitement clair, ordonné dans la confusion, d'une intelligence admirable et malgré cela (je veux dire : malgré l'intelligence), profondément enfoncé dans la vie, engagé, et pantelant d'une angoisse parfois insoutenable.

Tristesse de ne me sentir pas la force d'écrire au sujet de ce livre, et pour aider à son succès, l'article qu'il mérite.

(1936) 4 septembre. — Hier j'ai revu Malraux. Il arrive de Madrid, pour où il repart dans deux jours... Pourtant, lorsque je le revois, il ne me paraît pas trop fatigué. Il a même le visage moins couturé de tics qu'à l'ordinaire et ses mains ne sont pas trop fébriles. Il parle avec cette volubilité extraordinaire qui me le rend souvent si difficile à suivre. Il me peint leur situation, qu'il estimerait désespérée si les forces de l'ennemi n'étaient pas si divisées. Son espoir est de rassembler celles des gouvernementaux ; à présent il a pouvoir de le faire. Son intention, sitôt de retour, est d'organiser l'attaque d'Oviedo.

(1936) 5 septembre. — Revu Malraux. Clara M. me reçoit d'abord seule. Puis nous allons dîner tous trois (et fort bien !) place des Victoires, à un restaurant où il m'avait déjà mené. Et, deux heures durant, je m'émerveille de son éblouissante et étourdissante faconde. (Oh ! je ne donne aucun sens péjoratif à ce mot — qui, originairement du moins, n'en avait pas. J'ajoute pourtant qu'il est naturel qu'il en ait pris un — que les auditeurs-victimes lui en aient donné un, par revanche). André Malraux, de même que Valéry, sa grande force est de se soucier fort peu s'il essouffle, ou lasse, ou « sème » celui qui l'écoute et qui n'a guère d'autre souci (lorsque celui qui l'écoute, c'est moi) que de paraître suivre, plutôt que de suivre vraiment. C'est pourquoi toute conversation avec ces deux amis reste, pour moi du moins, quelque peu mortifiante, et j'en ressors plutôt accablé qu'exalté.

Journal.

J'ai voulu revoir, il y a quelques jours, le film d'André Malraux : *L'Espoir*. Il me l'avait présenté avant le montage définitif. Ce beau film a pris à présent une ampleur, une sorte de gravité tragique par quoi il rejoint le puissant livre auquel il emprunte sujet et titre. Nulle concession au goût du public ; une sorte de dédain altier pour ce qui peut amuser ou plaire ; et sans cesse dans les rares propos des acteurs du drame, leurs attitudes, les expressions de leurs visages, dans l'austère beauté des images, ce sentiment latent de dignité humaine, d'autant plus émouvante qu'il s'agit ici de très pauvres gens, peu distants de l'âpre terre qu'ils cultivent, inconscients de leur noblesse, modestes paysans que l'événement magnifie en héros, en martyrs. Cette noblesse naturelle, cette grandeur secrète, cette conscience de la dignité humaine, je les retrouve partout, dans l'œuvre de Malraux, et c'est aussi le trait le plus marquant de sa propre figure ; par où il nous conquiert dès l'abord, puis nous retient et nous subjugue. L'homme qu'il peint dans ses livres n'est enfin plus cette créature déchue, veule et résignée dont nous voyons l'abjection complaisamment étalée dans nombre d'œuvres d'hier et d'aujourd'hui. Et lui-même volontiers fera compagnie des plus humbles, mais reste de la race des seigneurs.

. . . .

Malraux... reste offert à tout et à tous, sans cesse accueillant et j'allais dire : perméable, si je ne le savais d'autre part si résistant à ce qui pourrait incliner sa décision ou entamer sa volonté. Aussitôt il agit. Il assume et se compromet. Partout où quelque juste cause a besoin d'un défenseur, où s'engage quelque beau combat, on le voit premier sur la brèche. Il s'offre et se dévoue sans marchandage, et même avec je ne sais quoi de vaillant à la fois et de désespéré qui sous-entend qu'il ne tient pas beaucoup à la vie, que celle-ci lui importe moins que ce qui le consume, ne prend valeur que dans l'offrande, ne vaut d'être vécue que risquée, dans une valable aventure. C'est surtout un aventurier. Il semble même qu'il se lança dans son éblouissante carrière, par pétulance, avant d'avoir bien pris ses propres mesures, s'être assuré de sa valeur. Et le mot aventure reprend avec lui son plein sens, le plus beau, le plus riche, le plus humain. Le rôle assumé par lui n'est-il pas de redonner à l'homme et de reconquérir pour lui les titres effacés d'une noblesse méconnue ? Malraux s'éprend de la belle et tragique aventure humaine, la court lui-même, et dans chacune de ses œuvres la redit et nous en instruit.

« *On peut aimer que le sens du mot art* », dit-il dans sa préface au *Temps du Mépris*, « *soit : tenter de donner conscience à des hommes de la grandeur qu'ils ignorent en eux* ». Oui, c'est bien cela : et que m'importe dès lors si cela pourrait être mieux dit. Malraux n'a pas, ne cherche pas le style lapidaire. Il écrit à plume abattue ; et comme souvent dans sa conversation, on s'essouffle un peu à le suivre. Et parfois sa phrase s'empêtre dans un trop abondant foisonnement d'images, de sensations, d'émotions et d'idées.

Car peu nous importerait l'aventure humaine si la sensibilité la plus frémissante et l'intelligence la plus ouverte, la plus générale, la plus généreuse ne s'y trouvaient à la fois engagées. Malraux fait preuve sans cesse de cette sorte d'universalité dont, hier, Valéry nous donnait un prodigieux exemple. Et si, de ce dernier, j'écrivais que je l'imaginais aussi bien homme d'État ou de finance, grand diplomate, ingénieur ou médecin, et pensais qu'il aurait excellé dans ces domaines si divers aussi bien que dans celui des lettres, je le pense également de Malraux, et ne suis pas plus surpris de le voir assumant aujourd'hui d'importantes fonctions gouvernementales, qu'hier conducteur d'armée, aviateur, cinéaste ou leader révolutionnaire. A dire vrai c'est devant une table de travail que je l'imagine le moins volontiers, ou plutôt que je l'imagine le moins à son aise. Son génie le harcèle avec impatience ! « Eh quoi ! ne peut-il manquer de se dire, tandis que j'écris, je pourrais vivre, agir... quelque nouveau danger m'attend quelque part... » et prendre vite en horreur cette absence de risque, ce repos, ce confort où pouvait œuvrer l'écrivain.

Je me souviens de son agitation subite, au Cap d'Ail où j'étais allé passer près de lui quelques jours exquis, lorsque les journaux du matin rapportèrent les échos d'une insurrection en Perse. Son travail passait aussitôt au second plan, cette *Lutte avec l'Ange*, dont, la veille, il m'avait lu de larges morceaux ébauchés... « Et je pourrais y être ! » C'est ce qu'il ne disait pas, qu'il n'avait pas besoin de dire, tant cette obsession talonnante se lisait dans son regard, dans ses traits aussitôt tendus, dans le frémissement de tout son être. Le voyant ainsi tourmenté, je songeais au mot de Henri IV à Crillon, ce qu'il devait se murmurer à lui-même : « Pends-toi, brave Malraux : l'on a vaincu sans toi ! »

Pour importante que soit son activité, c'est pourtant par ses livres que Malraux nous réjouit et nous touche ; et, par eux, encore il agit ; par eux il prend prise sur nous, et nous exalte et nous engage. Je les rouvre souvent et c'est toujours pour y puiser belles raisons d'aimer la vie ; et raisons de préférer à la vie le renoncement à la vie ; l'anoblissement de la vie dans l'offre et dans le sacrifice. Tandis que tant d'autres aujourd'hui s'ingénient à déprécier l'humanité, Malraux spontanément la magnifie et je pense que les jeunes lui en gardent, comme je fais, reconnaissance.

La littérature, avec lui, entre « dans le jeu ; jusque-là sans doute avait-elle été dans la solitude ».

Ai-je tout dit ? Non : avec lui l'on se sent toujours en reste.

Mais si je ne parle pas de l'ami parfait qu'il sait être, c'est que cela n'appartient pas au public.

André Malraux, l'Aventure humaine
(« Terre des Hommes », 1er déc. 1945).

JAWAHARLAL NEHRU :

Il y a 8 ou 9 ans, quand j'étais à Paris, André Malraux me posa tout au début de notre conversation une étrange question. Qu'est-ce qui a permis à l'Hindouisme, me demanda-t-il, d'expulser des Indes, sans grave conflit, il y a plus de mille ans, un Bouddhisme bien organisé ? Comment l'Hindouisme a-t-il pu réussir à absorber pour ainsi dire, une grande religion populaire, largement répandue, sans les habituelles guerres de religion qui enlaidissent l'histoire de tant de pays ? Quelle vitalité interne ou quelle force l'Hindouisme possède-t-il donc pour avoir accompli ce remarquable exploit ? L'Inde possède-t-elle encore aujourd'hui cette vitalité et cette force ? Si oui, alors sa liberté et sa grandeur sont assurées.

Question typique, sans doute, d'un intellectuel français qui était aussi un homme d'action. Et cependant peu de gens en Europe ou en Amérique ressentent de telles préoccupations ; on y est trop accaparé par les problèmes du moment. Ces problèmes du monde actuel absorbaient et tourmentaient aussi Malraux, et son esprit puissant et analytique cherchait la lumière partout où il pouvait la trouver, dans le passé ou dans le présent, dans la pensée, la parole, l'écriture, et par-dessus tout dans l'action, dans le jeu de la vie et de la mort.

Pour Malraux, de toute évidence, la question n'était pas de pure forme. Elle l'occupait à ce point qu'elle jaillit à l'instant même de notre rencontre. C'était une question selon mon cœur, ou plutôt c'était le type de question que je me posais moi-même fréquemment. Mais je ne pouvais lui faire ou me faire de réponse satisfaisante. Car il y a bien des réponses et des explications, mais on dirait qu'elles n'atteignent jamais le vif du problème.

The discovery of India.

KIOSHI KOMATSU :

Après *La Condition Humaine*, j'ai écrit qu'André Malraux était un des premiers romanciers contemporains. En lisant la *Psychologie de l'Art*, je découvre en lui un des grands analystes de la création artistique, peut-être le premier esthéticien de notre siècle. Et je suis surpris qu'alors que chaque page de ses livres révèle la tragédie qui l'habite, son esprit semble de plus en plus en vaincre le vertige.

Tokio Shimbun, 28-12-1950.

MONTHERLANT :

L'Espoir, de Malraux.

On entend dire sur ce livre des choses *monstrueuses*.

« C'est du journalisme. »

« C'est mal composé. » Toujours la nostalgie de la *Princesse de Clèves*, qui est détestablement mal composée, mais qui, on ne sait pourquoi, représente dans l'esprit des Français le-roman-composé-à-la-française, c'est-à-dire bien composé (note : 16 sur 20).

« C'est mal écrit. » Monstrueux. Mais... toujours la nostalgie de *Salammbô*.

On lui reproche des « dissertations ». Ils appellent dissertations tout ce qui est intelligent et profond...

... *L'attention* chez Malraux. C'est une règle, que la beauté de l'art descriptif provient en grande partie de la précision, c'est-à-dire de l'attention. Est-ce qu'il notait ? Et est-ce qu'il notait sur le moment même ? Sa précision dans le détail. Ex. : la ligne des miliciens qui avance (p. 50) ; les camions (p. 76).

L'absence de littérature. En cela, fait songer souvent à Tolstoï (exemple de simplicité tolstoïenne, cette fin de chapitre, p. 18). Répugnance pour la pédale. Pour la phraséologie.

... Rien de local : l'Espagne, un accident. Préfigure des guerres de l'avenir, où il ne sera pas question de nations, sinon pour la frime...

... Inoubliable : la main sur le mouton (p...), la sueur sur les moustaches (p. 63), les pendules (p. 105), la musique du tercio qui joue sur la grand'place tandis qu'on se bat encore dans Tolède (p. 179). Les pages sur les fusillés (p. 184) sont le comble de l'art d'écrire. Mais personne ne s'en aperçoit. « Du journalisme ! »

... En Malraux se réconcilient l'intelligence et l'action, fait des plus rares.

... L'accueil fait à *L'Espoir*, qui n'a pas été en proportion de sa valeur, a pour source le désir qu'on a d'empêcher Malraux de prendre une trop grande place. Je le flairais, et on me l'a confirmé.

Carnets (La Table Ronde, 1947).

M. SAINT-CLAIR :

... Il faut longtemps pour connaître de Malraux autre chose que son intelligence, qui tient toute la place; quand il dit « je », c'est plutôt son personnage. Son être intime est toujours à l'arrière-plan; y faire allusion serait sortir du jeu. Le « comment allez-vous, Malraux ? » est presque toujours au bord de l'indiscrétion, et n'attendez pas de lui ce genre de banalité. Dans le langage nécessaire de la vie quotidienne il est aussi bref, aussi simple, aussi dépouillé qu'un télégramme. Et sur ce fond strict et sec, la moindre gratuité prend une saveur charmante ; c'est dans son sourire que se réfugie sa sensibilité.

Galerie Privée.

JULIEN GREEN :

(1931) 6 mai. — Gide et Malraux déjeunent chez moi. Je ne sais plus à quel propos, il est question d'érotisme. Malraux en parle d'une façon brillante, et soutient que l'érotisme ne paraît vraiment dans toute sa force que dans les pays où existe la notion du péché. Gide, Robert et moi, nous ne disons pas grand chose, mais nous écoutons avec intérêt. Un peu plus tard, Gide, à qui Malraux demande une définition du chrétien, nous regarde en disant : « Je sens que je vais être recalé... »

Journal, tome I (Plon, 1938).

JEAN SCHLUMBERGER :

... On ne referme jamais un livre de Malraux sans une sorte d'enthousiasme humain.

Jalons (1941).

MAURICE BLANCHOT :

Car ce qui rend le cas de Malraux si singulier, c'est que peut-être ne fait-il que se chercher lui-même, mais il se rencontre dans la réalité historique la plus immédiate et la plus générale ; il ne voit et il ne décrit que lui et il voit et il décrit les événements les plus importants, ceux qui manifestent son époque et décident de l'avenir. Qu'il ne crée rien d'autre que son univers, soit, mais le mouvement de cet univers intérieur coïncide avec celui de l'histoire, et, de la sorte, il crée aussi l'histoire, c'est-à-dire le sens de l'histoire.

La Part du Feu.

Bibliographie

(établie par Christophe Crime, 1996).

ŒUVRES D'ANDRÉ MALRAUX
DISPONIBLES EN LIBRAIRIE

Romans : *Les Conquérants*, *La Condition humaine*, *L'Espoir*, Paris, Gallimard, « Bibliothèque de la Pléiade », 1947, rééd. 1953.

Scènes choisies, Paris, Gallimard, 1948.

Le Musée imaginaire de la sculpture mondiale, vol. 1 : *La Statuaire*, vol. 2 : *Des bas-reliefs aux grottes sacrées*, vol. 3 : *Le Monde chrétien*, Paris, Gallimard, 1 : 1952, 2 : 1954, 3 : 1955.

La Voie royale, Paris, LGF, « Le livre de poche », 1954.

La Voie royale, Paris, Gallimard, 1968.

Les Chênes qu'on abat, Paris, Gallimard, 1970.

Lunes en papier, *Les Conquérants*, *la Tentation de l'Occident*, Paris, Gallimard, 1970.

Oraisons funèbres, Paris, Gallimard, 1971.

Oraisons funèbres, avec illustrations de Eduardo Arroyo, Paris, M. Trinckvel.

Antimémoires, Paris, Gallimard, coll. « Folio », 1972.

La Condition humaine, Paris, Gallimard, coll. « Folio », 1972.

L'Espoir, Paris, Gallimard, coll. « Folio », 1972.

La Tentation de l'Occident, Paris, LGF, « Le livre de poche », 1972.

L'Irréel, vol. 2 de *La Métamorphose des dieux*, Paris, Gallimard, 1974.

La Tête d'obsidienne, Paris, Gallimard, 1974.

Lazare, Paris, Gallimard, 1974.

Les Hôtes de passage, Paris, Gallimard, 1975.

La Corde et les Souris, réunissant *Lazare*, *La Tête d'obsidienne*, Paris, Gallimard, coll. « Folio », 1976.

L'Intemporel, vol. 3 de *La Métamorphose des dieux*, Paris, Gallimard, 1976.

Le Miroir des limbes, comprenant *Antimémoires*, *Les Chênes qu'on abat*, *Oraisons funèbres*, *Lazare*, *La Tête d'obsidienne*, *Hôtes de passage*, Paris, Gallimard, « Bibliothèque de la Pléiade », 1976.

Le Surnaturel, vol. 1 de *La Métamorphose des dieux*, réédition augmentée du volume paru en 1957 et qui devait s'intituler *L'Inaccessible*, Paris, Gallimard, 1977.

L'Homme précaire et la Littérature, Paris, Gallimard, 1977.

Saturne, *Le Destin*, *L'Art et Goya*, Paris, Gallimard, 1978.

Six Entretiens avec André Malraux sur des écrivains de son temps : 1959-1975, éd. Frédéric-Grover, Paris, Gallimard, 1978.

Des bas-reliefs aux grottes sacrées, nouvelle édition, Paris, Gallimard, « Galerie de la Pléiade », 1982.

La Tentation de l'Occident, Paris, Grasset, 1984.
La Condition humaine, Paris, Gallimard, coll. « Blanche », 1986.
Messages, Signes et Diables : 380 dessins inédits, 1946-1965, Paris, Denoël, 1986.
L'Espoir, Paris, Gallimard, coll. « Blanche », 1987.
Œuvres complètes, 3 vol. ; vol. 1 : *Lunes en papier*, *La Tentation de l'Occident*, *Les Conquérants*, *Royaume farfelu*, *La Voie royale*, *La Condition humaine*, *Le Temps du mépris*, etc., nouvelle édition sous la direction de Pierre Brunel ; vol. 2 : *L'Espoir*, *Les Noyers de l'Altenburg*, *Le Démon de l'absolu*, édition de Marius-François Guyard, Maurice Larès, et François Trécourt ; vol. 3 : *Le Miroir des limbes* (*Antimémoires*, *La Corde et les Souris*, *Oraisons funèbres*, *Le Règne du Malin*) ; 1 : 1989, 2 : 1989, 3 : 1996.
Vie de Napoléon par lui-même, préface de Jean Grosjean, Paris, Gallimard, 1991.
Les Conquérants, édition et préface de Michel Autrand, Paris, LGF, « Le livre de poche », 1992.
La Reine de Saba : une aventure géographique, Paris, Gallimard, « Cahiers de la NRF », 1993.
L'Espoir, édition de G. Soubigou, Paris, Gallimard, coll. « Folio plus », 1996.
Le Musée imaginaire, Paris, Gallimard, coll. « Folio essais », 1996.
La Politique, la Culture. Discours, articles, entretiens (1925-1975), Paris, Gallimard, coll. « Folio essais », 1996.

Préfaces et notices d'André Malraux

Charles Maurras, *Mademoiselle Monk*, préface d'André Maurras, Paris, Stock, 1923.
Notice « Galanis », in *Dictionnaire biographique des artistes contemporains 1910-1930*, de Edouard Joseph, Art et Édition, II, 1931.
D.H. Lawrence, *L'Amant de Lady Chatterley*, préface d'André Malraux, trad. par Roger Cornaz, Paris, Gallimard, 1932.
W. Faulkner, *Sanctuaire*, préface d'André Malraux, trad. par R. M. Raimbault et Henri Delgove, Paris, Gallimard, 1933.
Andrée Viollis, *Indochine SOS*, préface d'André Malraux, Paris, Gallimard, 1935.
Notice « Choderlos de Laclos », in *Tableau de la littérature française* XVII-XVIIIe *siècles*, Paris, Gallimard, 1938.
Goya, dessins du musée du Prado, Genève, Skira, 1947.
Manès Sperber, *Qu'une larme dans l'océan*, préface d'André Malraux, trad. par l'auteur et Blanche Gidon, Paris, Calmann-Lévy, 1952.
Van Gogh et les Peintres d'Auvers chez le Dr Gachet, (en collaboration avec Michel Florisonne), Amour de l'Art, 1953.
Général Jacquot, *Essai de stratégie occidentale*, préface d'André Malraux, Paris, Gallimard, 1953.
Albert Ollivier, *Saint-Just ou la Force des choses*, préface d'André Malraux, Paris, Gallimard, 1954.
Pierre Lherminier, *L'Art du cinéma de Méliès à Chabrol*, « Ouverture » d'André Malraux, Paris, Seghers, 1960.
Mme Théo Van Rysselberghe, *Les Cahiers de la petite dame*, I, préface d'André Malraux, Paris, Gallimard, 1973.
Suzanne Chantal, *Le Cœur battant*, préface d'André Malraux, Paris, Grasset, 1976.

Œuvres publiées sous la direction d'André Malraux

Tout l'œuvre peint de Léonard de Vinci, Paris, Gallimard, coll. « Galerie de la Pléiade », 1950.

Tout Vermeer de Deelft, Paris, Gallimard, coll. « Galerie de la Pléiade », 1952.

Articles, allocutions, conférences, interwiews

On trouvera une liste chronologique très détaillée des différents articles, et aussi conférences, interwiews de Malraux dans l'ouvrage de F. E. Dorenlot, *Malraux ou l'Unité de pensée*, Paris, Gallimard, coll. « Les essais », 1970.

Citons également le recueil : *L'Esprit NRF, 1908-1940*, édition établie et présentée par Pierre Hebey, Paris, Gallimard, 1990, dans lequel on trouvera des articles qu'André Malraux a écrits pour la NRF.

Ouvrages traitant de la vie et de l'œuvre d'André Malraux

a)

Jean Grenier, « Lettre à André Malraux », in *Essai sur l'esprit d'orthodoxie*, Paris, Gallimard, 1938.
Rachel Bespaloff, « Notes sur André Malraux », in *Cheminements et Carrefours*, Paris, Vrin, 1938.
Gaëtan Picon, *André Malraux*, Paris, Gallimard, 1945.
Marcel Savane, *André Malraux*, Richard Massé, 1946.
Roger Caillois, « Sur le dernier roman d'André Malraux », in *Circonstancielles*, Paris, Gallimard, 1946.
Claude Mauriac, *Malraux ou le Mal du héros*, Paris, Grasset, 1946.
Aloys Moray, *À la rencontre d'André Malraux*, La Sixaine, 1947.
M. Saint-Clair, « André Malraux », in *Galerie privée*, Paris, Gallimard 1947.
Maurice Blanchot, « Notes sur Malraux », in *La Part du feu*, Paris, Gallimard, 1949.
André Rousseaux, « La Révolution d'André Malraux », in *Littératures du XXe siècle*, Paris, Albin Michel, 1949.
Pierre de Boisdeffre, *Métamorphose de la littérature*, I. *De Barrès à Malraux*, Alsatia, 1950.
Léon Emery, « La ruée dans la nuit », in *Sept Témoins*, Les Cahiers libres, 1950.
Marcel Arland, *Essais et Nouveaux Essais critiques*, Paris, Gallimard, 1952.
Jeanne Delhomme, *Temps et Destin, essai sur André Malraux*, Paris, Gallimard, 1955.
André et Jean Brincourt, *Les Œuvres et les Lumières*, La Table ronde, 1955.
Joseph Hoffmann, *L'Humanisme de Malraux*, Klincksieck, 1963.
Brian T. Fitch, *Les Deux Univers romanesques d'André Malraux*, Minard, « Archives des lettres modernes », n° 52, 1964.
André Vandegans, *La Jeunesse littéraire d'André Malraux*, Pauvert, 1964.
Lucien Goldmann, *Pour une sociologie du roman*, Paris, Gallimard, coll. « Bibliothèque des idées », 1964.
Pierre-Henri Simon, *L'Homme en procès*, Paris, Payot, 1965.
Roger Stéphane, *Portrait de l'aventurier*, Paris, Grasset, 1965.
André Brincourt, *André Malraux ou le Temps du silence*, La Table ronde, 1966.
W.G. Langlois, *L'Aventure indochinoise*, Paris, Mercure de France, 1967.
Jean Carduner, *La Création romanesque chez Malraux*, Nizet, 1968, rééd. 1995.
Ileana Juilland, *Dictionnaire des idées dans l'œuvre d'André Malraux*, Mouton, 1969.
Pierre de Boisdeffre, *André Malraux*, Éd. universitaires, coll. « Classiques du XXe siècle », 1969.
Denis Marion, *André Malraux*, Paris, Seghers, 1970.
Pol Gaillard, *André Malraux*, Paris, Bordas, 1970.
Janine Mossuz-Lavau, *Malraux et le Gaullisme*, Paris, Armand Colin, 1970, rééd. Presses de la Fondation des sciences politiques, 1982.

F. E. Dorenlot, *Malraux ou l'Unité de pensée*, Paris, Gallimard, coll. « Les essais », 1970.
Emmanuel Mounier, *Malraux, Camus, Sartre, Bernanos, l'espoir des désespérés*, Paris, Éd. du Seuil, 1970.
Pol Gaillard, *Les Critiques de notre temps et Malraux*, Paris, Garnier, 1970.
Pierre Galante, *Malraux*, Paris, Plon, 1971.
Pierre Galante, *Quel roman que sa vie*, Paris, Plon, 1971.
Robert Payne, *Malraux*, Paris, Buchet-Chastel, 1972.
Pascal Sabourin, *La Réflexion sur l'art d'André Malraux : origines et évolution*, Klincksieck, 1972.
Jean Lacouture, *Malraux : une vie dans le siècle*, Paris, Éd. du Seuil, 1976. Rééd. coll. « Points », 1996.
Philippe Carrard, *Malraux ou le Récit hybride, essai sur les techniques narratives dans « L'Espoir »*, Lettres modernes, 1976.
Brigitte Friang, *Un autre Malraux*, Paris, Plon, 1977.
Jacques Bonhomme (BEB), *André Malraux ou le Conformiste*, Régine Deforges, 1977, rééd. 1986.
Malraux, textes de Jean-Marie Domenach, Roger Ikor, Jean Lacouture, Claude Mauriac, Paris, Hachette, coll. « Génies et réalités », 1979.
Guy Suares, José Bergamin, *Malraux, celui qui vient*, Paris, Stock, 1979.
Philippe et François de Saint-Chéron, *Notre Malraux*, Paris, Albin Michel, 1979.
Micheline Tison-Braun, *Ce monstre incomparable : Malraux ou l'énigme du moi*, Paris, Armand Colin, 1983.
Claude Tannery, *Malraux, l'agnostique absolu ou la Métamorphose comme loi du monde*, Paris, Gallimard, 1985.
Michel Cazenave, *Malraux*, Paris, Balland, 1985.
Raphaël Aubert, *L'Absolu et la Métamorphose : théologiques sur André Malraux*, Genève, Labor et Fides, 1985.
Jean Cheyron, *André Malraux : 1902-1976*, suivi de *L'art est une victoire*, Aubenas, 1986.
W. G. Langlois, *Via Malraux*, textes de Langlois réunis par David Bevan, Wolfville (Canada), The Malraux Society, diffusion Paris : Minard, 1986.
Album Malraux, iconographie choisie et commentée par J. Lescure, Paris, Gallimard, « Bibliothèque de la Pléiade », 1986.
Lucien Goldmann, *Pour une sociologie du roman*, Paris, Gallimard, coll. « TEL », 1986.
Guy Penaud, *André Malraux et la Résistance*, Périgueux, Pierre Fanlac, 1986.
André Brincourt, *Malraux le malentendu*, Paris, Grasset, 1986.
Gilles Néret, *La Vie d'André Malraux*, bande dessinée avec dessins d'Alfred Morera, Robert Laffont, 1986.
Biet, Brighelli, Rispail, *Malraux : la création d'un destin*, Paris, Gallimard, coll. « Découvertes », 1987.
Janine Mossuz-Lavau, *André Malraux*, Lyon, La Manufacture, 1987.
Christiane Moatti, *Le Prédicateur et ses masques : les personnages d'André Malraux*, Publications de la Sorbonne, 1987.
Tadao Takemoto, *André Malraux et la Cascade de Nachi : la confidence de l'Univers*, Paris, Julliard, 1989.
Henri Godard, *L'Autre Face de la littérature : essai sur André Malraux et la littérature*, Paris, Gallimard, 1990.
Michel Théron, *Une initiation à l'art : Malraux et l'image*, Montpellier, Centre régional de documentation pédagogique, 1987, éd. augmentée, 1990.
Vinh Dao, *André Malraux ou la Quête de la fraternité*, Genève, Droz, 1991.

Jean-Claude Larrat, *Malraux, résumés, commentaires critiques, documents complémentaires*, Paris, Nathan, 1992.
Clara Malraux, *Apprendre à vivre; Nos vingt ans; Les Combats et les Jeux*, Paris, Grasset, 1992.
Curtis Cate, *Malraux*, Paris, Flammarion, 1994.
Roger Stéphane, *Malraux, premier dans le siècle*, Paris, Gallimard, « Les Cahiers de la NRF », 1996.
François de Saint-Chéron, *André Malraux*, ADPF, 1996.
Jean-Claude Larrat, *Malraux : théoricien de la littérature 1920-1951*, Paris, PUF, 1996.
François de Saint-Chéron, *L'Esthétique de Malraux*, SEDES, 1996.
François de Saint-Chéron, *Analyse de cinq romans de Malraux*, Paris, Hatier, coll. « Profil littérature », 1996.
Pierre de Boisdeffre, *André Malraux, la Mort et l'Histoire*, Paris, Éd. du Rocher, coll. « Littérature », 1996.
Hervé Gaymard, *Pour André Malraux*, Paris, Éd. La Table ronde, 1996.
Alain Malraux, *Les Maronniers de Boulogne, Malraux, mon père*, Christian de Bartillat, 1996.
M. Cool, *André Malraux, l'aventure de la fraternité*, Desclée de Brouwer, coll. « Témoins d'humanité », 1996.
D. Villemot, *André Malraux et la Politique ou l'Être et l'histoire*, Paris, L'Harmattan, 1996.
Jean-François Lyotard, *Signé Malraux*, Paris, Grasset, 1996.
Danielle Le Gall, *Les Romans d'André Malraux, textes commentés*, PUF, 1996.

b) Études littéraires consacrées à « La Condition humaine »

Christiane Moatti, *« La Condition humaine » d'André Malraux : poétique du roman d'après l'étude du manuscrit*, Lettres modernes, 1983.
Oliveira Cristina Robalo Cordeiro, *La Représentation concrète de l'univers abstrait de Malraux dans « La Condition humaine »*, Lisbonne, Instituto de investigation cientifica, 1983.
Alain Meyer, *« La Condition humaine » d'André Malraux*, Paris, Gallimard, coll. « Foliothèque », 1991.
Henri Dumazeau, *« La Condition humaine », Malraux : analyse critique*, Paris, Hatier, 1992.
Christiane Moatti, *« La Condition humaine », André Malraux : résumé analytique, commentaires*, Paris, Nathan, 1992.
« La Condition humaine », roman de l'anti-destin, textes de Jean Guéhenno, Georges Bataille, Claude-Edmonde Magny, réunis et présentés par Jean-Claude Larrat, Orléans, Paradigme, 1995.
Malraux, « La Condition humaine », études réunies par Alain Cresciucci, Klincksieck, 1995.
Hubert de Phalese, *Les Voix de « La Condition humaine » : « La Condition humaine » à travers les nouvelles technologies*, Nizet, 1995.
Yannick Mercoyrol et Richard Robert, *Premières Leçons sur « La Condition humaine » d'André Malraux*, PUF, 1996.
Yves Ancel, dossier de *La Condition humaine*, Paris, Gallimard, coll. « Folio plus », 1996.

c) Actes de colloque

Colloque André Malraux, Strasbourg, 13-15 novembre 1986, *Le Livre dans la vie et l'œuvre d'André Malraux*, organisé par l'Association pour la commé-

moration du 10e anniversaire de la mort d'André Malraux, le Comité national André Malraux et l'université des Sciences humaines de Strasbourg, Klincksieck, 1988.
De Gaulle et Malraux, colloque organisé les 13, 14, et 15 novembre 1986 par l'Institut Charles de Gaulle, Paris, Plon, 1987.
André Malraux, l'homme des univers, actes du colloque des 5, 6, 7 décembre 1986 au Grand Palais, à Paris, Comité national André Malraux, 1986.
Colloque de Cerisy du 7 au 17 juillet 1988, Centre culturel international de Cerisy-la-Salle, sous la direction de Christiane Moatti et David Bevan, Documentation française, 1989.

d) Catalogues
Fondation Maeght, *André Malraux*, 1973.
Musée national d'Art moderne, *Bibliothèque André Malraux : inventaire sommaire des publications sur l'art*, Musée national d'art moderne, Centre Georges Pompidou, 1986.

e) Numéros spéciaux de revues
Esprit, n° spécial « Interrogations à Malraux », (A. Béguin, A. Rousseaux, G. Picon, P. Debray, R. Stéphane, E. Mounier, C.-E. Magny), octobre 1948.
Les Critiques de notre temps et Malraux, n° 3, Paris, Garnier, 1970.
La Revue des lettres modernes, 9 volumes de « Cahiers André Malraux », sous la direction de W. G. Langlois pour les cinq premiers, sous la direction de Christiane Moatti pour les reste :
1. *Du « farfelu » aux « Antimémoires »*, 1972.
2. *Visages du romancier*, 1973.
3. *Influences et Affinités*, 1975.
4. *Malraux et l'Art*, 1978.
5. *Malraux et l'Histoire*, 1982.
6. *« Les Conquérants »*, 1986.
7. *« Les Conquérants », mythe, politique, histoire*, 1988.
8. *L'Imaginaire de l'écriture*, 1990.
9. *Notre siècle au Miroir des Limbes,* 1995.
Être & Dire – André Malraux, textes réunis par Martine de Courcel avec *Néocritique*, postface d'André Malraux, Londres, Weinfeld & Nicolson, Paris, Plon, 1976.
Nouvelle Revue française, 1977.
Twentieth Century Literature, 1978.
L'Herne, Cahier spécial, « André Malraux », 1982.
Magazine littéraire, octobre 1986.
Europe, André Malraux, novembre-décembre 1986.
De *« L'Escadrille Espana » à « l'Espoir » : essais sur Malraux et la guerre civile espagnole*, réunis par R. S. Thornberry, Edmonton (Alb.), n° spécial de *Revue André Malraux Review*, 1988.
« La création artistique et la métamorphose : essais sur Malraux et l'art », textes réunis par R. S. Thornberry, Edmonton (Alb.), n° spécial de *André Malraux Review*, 1990.
Le Retour de Malraux (textes de Jorge Semprun, Jean Lacouture, etc.), n° 526 de la « Nouvelle Revue française », Paris, Gallimard, novembre 1996.

Table

NOTE SUR LES ILLUSTRATIONS

Les fragments de l'œuvre de Malraux qui figurent dans le dernier tiers du volume exigeaient une illustration directement corrélative. En revanche, l'illustration qui accompagne tout au long l'étude et les annotations est constituée par un ensemble de documents beaucoup plus libres à l'égard du texte, et dont la succession vise à retracer la biographie de Malraux à la fois sur le plan de sa carrière d'écrivain et dans les circonstances les plus marquantes de sa vie même.

La photo de couverture est un cliché Bidermanas/Gamma ; celles des pages de garde sont d'Ina Bandy.

ACHEVÉ D'IMPRIMER EN 1996 PAR L'IMPRIMERIE I.F.C.
DEPÔT LÉGAL 4° TRIMESTE 1996 - N° 30894-2 (96/595)